KB209878

융합교육과정 개발 초보자를 위한

교육과정 개발의 일반 원리와
융합교육과정의 이해

허지원 저

학지사

- 이런 고민이 있는 분들께 이 책을 권합니다.
  - 대학의 무전공(자유전공) 학부 운영에 대해 궁금하다.
  - 새롭게 임용된 신임 교원으로서 대학의 교육혁신 동향에 대해 알고 싶다.
  - 융합교육과정을 개발하거나 운영해야 하는데, 융합교육이 무엇인지 잘 모르겠다.

- 이 책을 효과적으로 읽는 방법 Tip
  - 대학 환경에 익숙지 않은 신임 교원, 무전공(자유전공) 또는 융합전공 신설 학과에 새로 배정된 교수, 융합교육이 교육 현장에서 어떻게 실천되고 있는지 알고 싶은 분들은 '제2부 융합교육과정의 이해 및 개발'을 먼저 읽을 것을 권장합니다.

머리말

19세기는 최초의 산업혁명기이기도 했지만 학교에서 무엇을 가르쳐야 하는지를 두고 여러 이해 집단이 격렬한 투쟁을 벌이던 때이기도 했다. 즉, 다가올 20세기에는 어떤 지식이 가장 가치로운 지식이며, 학교 교육의 중심 기능은 무엇이어야 하는가를 둘러싸고, 교육계는 나름의 해석을 제시하고 논의하는 각축전을 벌여 왔다.

그렇다면 그로부터 200여 년이 흘러 제4차 산업혁명을 맞이하는 오늘날에는 어떠한가. 과거부터 고민해 오던 가치 있는 지식과 학교 교육의 중심 기능에 대해 합일점을 찾고, 그것을 실천하고 있는가? 답은, 그렇지 못하다. 여전히 기술혁신에 수반한 사회 · 경제 구조의 변혁이든, 새 정부 출범과 같은 정치 · 사회적 교체가 원인이든, 시대에 따라 다양한 요구로 인해 과거부터 새로운 '교육혁신'과 '교육개혁'의 기치는 늘 끊임없이 시도되고 있다.

제4차 산업혁명의 대표적 산물인 인공지능(AI), 로봇, 사물인터넷(IoT)을 비롯한 가상 및 증강현실, 자율주행차 및 스마트모빌리티 등은 이제 산업현장뿐 아니라 우리 인간의 일상생활에도 녹아들어 삶의 많은 모습을 변화시키고 있다. 이러한 기술의 변화에 따라 요구되는 인재상도 변화하고 있으며, 인재상 구현을 위해 필요한 교육과정도 새롭게 제시하라는 책무에 교육 현장은 그 어느 때보다도 분주하다. 그래도 이러한 기술의 발달은 우리 인간에게 어느 정도 예측과 준비의 시간을 제공해 주고 있다고 볼 수 있다.

2020년 전 세계를 혼돈과 불안에 빠트렸던 코로나19 사태는 예측하기 어려운, 갑자기 발생한 위기로서 대응 방안이 미비한 초기에 많은 혼란을 야기했다. 코로나19는 건강 위협뿐만 아니라 사회적 · 경제적으로 미친 파급효과 역시 컸는데, 교육 현장 또한 예외는 아니었다. 학교가 폐쇄되었고, 예상보다 심각해지는 바이러스 확산에 학습 손실이 장기화되자, 이에 대한 대응 마련을 하지 못했던 대학들은 등록금을 반환하라는 학생들의 거센 요구를 맞으며, 교육혁신과 기술 도입의 필요성을 적극적으로 검토하게 되었다.

제4차 산업혁명으로 인한 지식의 폭발적 증가와 융합의 가속화, 그리고 코로나19 사태와 같은 예측 불가능한 위기가 또 언제 우리에게 닥쳐올지 모르는 현실 속에서, 교육의 목표, 교과 내용 및 방법 등 교육과정 전반을 다시 점검하고 혁신해야 할 필요성은 더욱 뚜렷해졌다.

이를 위한 최근의 시도로 융합교육과정 개발이 대표적이라 할 수 있다. 제4차 산업혁명은 물리적, 디지털 및 생물학적 세계 간의 융합을 특징으로 한다. 국가 수준의 교육과정을 운영하는 우리나라의 경우, 교육혁신의 방향도 정부에서 설정하고 있다 해도 과언이 아닌데, 정부에서 발표하는 각종 교육 관련 국책사업, 국가 교육과정, 학교 평가 등의 지표를 보면, 융합교육을 강조하고 있음을 알 수 있다. 따라서 대학을 비롯한 많은 교육 현장에서 융합교육과정 혹은 다양한 신규 교육과정을 새롭게 개발하는 추세이다.

하지만 실제 이러한 교육과정을 개발해 본 경험이 있는 연구자들을 인터뷰해 본 결과, 교육수요자와 사회의 필요를 반영한 내용을 담기 바빴을 뿐 효과적으로 내용을 조직하고 전달하기 위한 교육과정의 개발원리나 요소를 고민하고 점검하기에는 시간과 지식이 부족했음을 고백하기도 하였다. 교육과정을 개발할 때 교육수요자와 사회의 요구를 반영하는 것은 중요하지만 단순히 그것만으로는 충분하지 않다. 효과적으로 내용을 조직하고 전달하기 위한 교육과정의 개발원리나 요소를 고민하고 적용해야 한다. 그 이유는 다음과 같다.

첫째, 효과적인 교육과정은 학습자들의 목표 달성에 필요한 시간과 노력을 최소화하는 데 도움을 주기 때문이다. 잘 조직된 내용은 학습자들이 빠르게 학습할 수 있도록 돕고, 학습자들의 능력과 수준에 맞게 적절한 수준의 난이도로 제공된다.

둘째, 교육과정은 각 학습 단계가 서로 관련되고 연속성을 갖도록 설계되어야 한다. 이는 학습자가 새로운 개념을 이해하고 기존 지식과 연결하는 데 도움이 되기 때문이다.

셋째, 효과적인 교육과정은 학습자의 성취를 평가하고 피드백을 제공하는 메커니즘을 포함해야 한다. 이를 통해 학습자들은 자신의 강점과 약점을 인식하고 개선할 수 있기 때문이다.

넷째, 교육 분야는 지속적인 변화와 혁신이 필요한데, 교육과정의 개발원리와 요소를 고려하여 개발된 교육과정은 새로운 트렌드와 기술에 대응하고 지속적인 발전을 통해 효과를 유지하는 데 도움을 줄 수 있기 때문이다.

따라서 교육과정을 개발할 때는 단순히 수요와 요구를 반영하는 것뿐만 아니라, 효과적으로 내용을 조직하고 전달하기 위한 다양한 요소를 고려해야 한다.

이 책은 교육과정이나 프로그램을 새롭게 개발하거나 전통적인 학문 분야를 넘어 다양한 학문 및 산업 분야를 통합하여 학생들에게 새로운 지식과 기술을 제공하고자 교육과정을 개발하는 연구자, 혹은 교육과정을 개발하라는 특명을 받았으나 개발 경험이 없고, 어디서부터 무얼 어떻게 준비해야 할지 모르겠는데 시간도 부족한 교육 현장의 교수자들에게 교육과정 개발의 일반 원리를 간결하게 소개하고, 융합교육과정에 대한 이해와 실천 사례를 소개하여 교육과정을 개발하는 데 도움을 주기 위해 만들어졌다.

오늘날 교육 현장에서는 교육혁신이라는 미명 아래 다양한 전공선택의 기회를 학습자에게 제공하기 위해 다소 급하게 교육과정을 개발하고 있다. 교육과정은 종합적이고 실천적인 성격을 가지고 있어, 부실한 교육과정을 학생들에게 그대로 적용할 경우 학습 효과가 저하되고 교육의 질이 떨어지는 문제를 초래한다. 따라서 저자는 교육과정의 전통적 이론을 새로운 시도와 혁신을 위한 토대로 삼고, 이를 융합교육과정을 개발하기 위해 반드시 알아 두어야 할 교육과정 개발의 기초로 제시하였다. 교육과정의 기본 원리를 이해하고 이를 바탕으로 융합교육을 실현할 때, 비로소 효과적이고 지속 가능한 교육 혁신이 가능하다. 따라서 이 책은 '제1부 교육과정 개발의 일반 원리'와 '제2부 융합교육과정의 이해 및 개발'이라는 두 주제로 구성되었다.

하지만 이 책을 접하는 독자들에게 당부하고 싶은 점은, 교육과정 이론과 모델은 다양하며, 교육을 바라보는 관점에 따라 교육과정 개발 모형도 여러 가지로 달라질 수 있다는 점이다. 즉, 이 책에서 제시한 교육과정 개발 절차와 모델은 저자가 그동안 교육과정에 대해 공부하고, 직접 개발한 경험들을 바탕으로 교육과정을 처음 개발하는 초보 연구자가 필요로 할 내용과 고려해야 할 필수 요소들을 선정하여 교육과정 개발의 기본 원리로 제시한 것이다. 따라서 이 책을 통해 기본 원리와 개념을 이해하였다면 이를 토대로 자신만의 교육과정 개발 관점을 구축하여 이 책에서 제시하지 않은 보다 다양하고 깊이 있는 교육과정 이론과 개발 모델을 탐구해 보고 적용해 보길 바란다.

마지막으로 이 책이 나오기까지 애써 주신 학지사 편집부에 감사의 마음을 전한다.

2024년

저자 허지원

차례

제2부 | 융합교육과정의 이해 및 개발

교육과정 개발의 일반 원리와
융합교육과정의 이해

교육과정 개발의 일반 원리

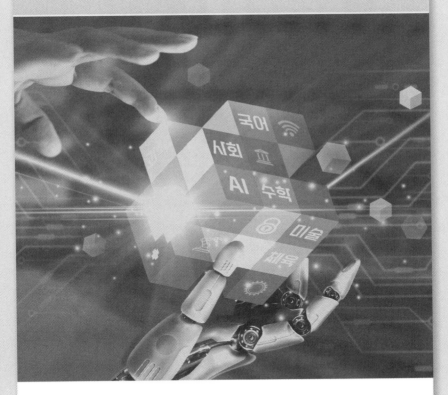

제1부에서는 교육과정 개발의 일반 원리를 실제적 측면에서 소개한다. 또한 교육과정을 개발할 때 따르는 절차와 적용 가능한 모델을 제시하며, 이를 통해 교육과정을 효과적으로 개발하고 설계하는 방법을 설명한다.

제1장

교육과정 개발과 설계의 구분

교육과정 개발은 교육과정 계획과 설계가 이루어지는 과정을 광범위하게 지칭하는 것으로 사용되고 있다. 교육과정 개발은 흔히 교육과정 설계와 혼용되고 있으나 엄밀히 보면 양자는 구분되는 것이다. 교육과정 개발은 교육과정을 구성함에 있어서 그 과정과 절차가 어떻게  진행되어야 하는가를 결정하는 것과 관련된다. 즉, 교육과정 개발의 주된 관심은 '어떻게(how)' 혹은 '과정(process)'에 있는 것으로, 교육과정 구성 과정의 기술적이고 방법적인 전략을 드러내는 데 초점이 있다. 따라서 교육과정 개발을 위해 관심을 갖는 질문은 다음과 같다.

① 누가 교육과정 구성에 참여할 것인가?
② 교육과정 구성에 어떤 절차를 사용할 것인가?
③ 어떻게 하면 각 절차를 수행할 수 있을 것인가?

한편, 교육과정 설계는 교육과정 개발로 만들어질 교육과정이 어떤 모습이 되어야 할지를 계획하는 것이다. 즉, 교육과정 설계는 교육과정 개발의 방향과 지침을 제공하는 틀이라고 할 수 있다. 일반적으로 교육과정의 구성 요소는 교육목표, 교육내용 혹은 학습 경험, 그리고 평가이다. 교육과정 설계란, 이러한 교육과정 구성 요소 각각의 성격과 내용을 밝히고, 이들 요소들이 하나의 체계적인 교육과정으로 결합될 수 있도록 배열하는 방식을 말한다. 교육과정 설계의 주된 관심은 '무엇(what)'에 있는 것으로, 만들어질 교육과정 그 자체의 '내용'이나 '실체(substance)'를 탐색하는 데에 초점이 있다. 따라서 교육과정 설계는 실천적인 쟁점만이 아니라 철학적이고 이론적인 쟁점에 대한 논의를 포함한다. 교육과정 설계에서 관심을 갖는 질문은 다음과 같다.

① 교육과정에 무엇이 혹은 어떤 교과가 포함되어야 하는가?
② 어떤 수업전략이나 자료, 활동이 사용되어야 하는가?
③ 어떤 방법과 도구가 교육과정의 결과를 평가하기 위해 사용되어야 하는가?

교육과정 개발과 설계를 건축물 시공에 비유하여 이해를 돕고자 한다.

무턱대고 건축물을 쌓아 올리는 경우는 없을 것이다. 먼저 어떠한 용도로 사용할 것인지 계획을 세우고, 그 용도와 예산에 맞추어 부지를 고르고, 시공에 참여할 전문가, 즉 시공사를 선정하고, 설계하고 착공하며 여러 시행착오 끝에 준공하게 된다. 이 광범위한 과정 모두를 개발 과정이라 할 수 있다. 이렇게 개발하는 과정에서 건축물 자체에 대한 디자인, 즉 형태, 구조, 재료, 공사 방법 등 건축물에 살을 입히는 작업을 하게 되는데 이를 설계 과정이라 할 수 있다. 따라서 교육과정을 개발하는 데, 누굴 참여시킬 것인가, 그리고 어떠한 절차로 진행되어야 하는가, 또 각 절차는 어떻게 수행할 것인가를 고민하고 결정하는 과정이 교육과정 개발이고, 그러한 교육과정 개발 단계에서 특히 교육목표, 교육내용, 학습활동, 평가, 즉 교육과정 구성 요소에 초점을 두어 각각의 성격 및 내용을 어떻게 배열하고 결합할 것인지를 디자인하는 과정이 교육과정 설계이다.

제2장

교육과정 개발의 실제 원리

이 장에서는 교육과정 개발의 실제 원리와 그 구성 요소에 대해 다루고자 한다. 따라서 교육과정의 의미를 다양한 관점에서 살펴보고, 이를 바탕으로 교육목표, 교육내용, 교수-학습 과정, 평가 등 교육과정을 구성하는 핵심 요소들을 설명한다. 또한 교육과정 개발의 단계별 절차를 통해 학교와 교육기관에서 실제로 적용할 수 있는 실천적인 지침을 제공하고자 한다.

1 교육과정의 의미

여기 망망대해에 배 한 척이 어디로 가야 할지 방향을 잃고, 떠 있다고 가정해 보자. 이때 지도와 나침반이 주어진다면 배를 모는 선장은 마치 어둠 속에서 빛을 찾은 듯 방향을 잡을 수 있을 것이다. 나침반과 지도와 같은 길잡이 역할이 되어 주는 것이 바로 교육과정이라 할 수 있다. 하지만 교육과정이 무엇인가에 대한 답을 명료하게 하기란 쉽지 않다. 그 이유는 교육과정이라는 용어를 다양한 의미로 사용하고 있기 때문이다. 몇 가지 예를 들어 보자.

초·중등학교에서 교육과정이란 국가 수준에서 체계적으로 계획된 문서로서의 교과과정 편제의 의미로 사용된다. 학교의 일상은 교육과정을 중심으로 움직인다. 다시 말해 시간표에 따라 월요일부터 금요일까지 국어, 수학, 영어, 미술, 음악 등의 시간이 배당되어 있고, 교사와 학생들은 이 시간표를 기준으로 학교생활을 해 나간다. 그리고 대학 수준에서는 단과 대학별 혹은 학과별 과목의 이수 체계를 지칭하는 용어로 교육과정이란 이름을 사용하고 있다. 오늘날에는 제4차 산업혁명이라는 불확실한 미래사회를 유연하게 이끌어 갈 인재 양성을 위한 방안의 하나로 대학은 학문 간 융합을 통한 새로운 교육과정을 만들어 내야 한다는 책무를 듣게 되는데 이 맥락에서는 교육과정이 전공과 같은 의미로 사용되기도 한다. 학교 밖에서도 교육과정이란 용어를 사용하는 경우가 많은데, 특히 형식적·비형식적 교육기관에서 제공하는 프로그램을 지칭하는 말로 교육과정이라는 용어를 사용하기도 한다.

교육과정의 어원을 살펴보면, Curriculum은 라틴어 Currere '달리다', '뛰다'라는 말에서 유래하였다. 즉, Curriculum 자체는 '경주 코스' 또는 '달리는 길'이라는 의미를 가지고 있었다. 이러한 배경을 통해 Curriculum은 마부(主)가 경주마의 고삐를 쥐고, 결승지점까지 이탈하지 않고, 빠르게 달려 완주할 수 있도록 길잡이 역할을 하는 것과 같이 학생들이 학습해야 할 내용과 경험을 체계적으로 정리하여 설정한 학습 목표를 성취할 수 있도록 그 과정을 제시해 놓은 계획된 문서라고 할 수 있다.

이상에서 소개한 교육과정의 성격과 의미 외에도 교육과정은 관점과 목적에 따라 이보다 더 다양한 의미가 있지만 이 책이 학교 현장에서 교육과정을 개발하려는 초보 개발자들을 위해 쓰인 만큼 학교 현장에서 쓰이는 의미로 교육과정을 다음과 같이 정의 내릴 수 있다.

> 학교의 교육목적 및 목표를 달성하기 위하여 교육내용을 선정, 조직, 실천, 평가하는 체계적이고, 종합적인 교육계획

교육과정 개발은 교육을 둘러싸고 있는 그 시대와 사회의 변화를 반영하고, 그 시대와 사회변화의 산물로써 나타나는 필수불가결한 절차이며, 교육과정 개발에 참여하는 많은 사람 간의 합동적인 의사결정과정이라 할 수 있다.

2　교육과정의 주요 구성 요소

교육과정을 구성하는 주요 구성 요소는 교육목표, 교육내용, 교수-학습과정, 평가이다.

교육목표
교육을 통하여 달성하고자
하는 행동의 변화

교수-학습과정
교수자와 학습자 사이에 실
제로 전개되는 학습 및 행동
과정

교육과정
구성 요소

교육내용
설정된 목표를 달성할 수 있
게 하는 교육내용의 선택과
조직

평가
교육목표의 달성 여부를 확
인하기 위하여 학습자 학습
활동의 전 과정과 교수자
자신을 평가

[그림 2-1] 교육과정 구성 요소

■ 교육목적 및 교육목표

- **교육목적**(educational goals): 교육을 통해서 궁극적으로 도달하여야 할
  행동 특성
- **교육목표**(educational objectives): 교육목적을 달성하기 위하여 단계별로
  도달하여야 할 행동 특성
- **수업목표**(instructional objectives): 수업과정을 통해 학습자가 달성할
  성취행동 특성

■ 교육내용

- 설정된 교육목표를 달성하기 위하여 학습자들이 교육현장에서 실제
  로 배우는 내용
- 교육내용의 선정은 교육목표를 구체적으로 표현하는 것이며 학습자
  들의 학습활동과 경험을 결정하며, 내용은 교육목표와 일관된 내용이
  되어야 함

■ 교수 · 학습

- **교수(teaching)**: 학습자로 하여금 바람직한 행동의 변화가 오도록 학습이 이루어지는 과정을 잘 안내하고 통제해 주는 과정
- **학습(learning)**: 학습자가 어떤 경험이나 활동을 통하여 바람직한 행동의 변화를 하는 것
- **수업(instruction)**: 학습자에게 바람직한 행동의 변화가 올 것을 기대하면서 사전에 계획된 교수 · 학습 활동

■ 교육평가

교육목적의 달성도에 관한 증거 및 교육목적의 달성에 영향을 미치는 변인에 관한 증거를 수집하고 그에 대해 교육적 의사결정을 내리는 과정

3 교육과정 개발 단계

교육과정 개발은 교육과정을 구성함에 있어서 그 과정 및 절차가 어떻게 진행되어야 하는가와 관련된 것으로, 이러한 과정이나 절차는 대개 모형화되어 제시된다.

이하에서는 특히 고등교육기관인 대학에서 교육과정을 개발하는 데 도움이 되는 절차를 소개하고자 한다. 그리고 이러한 절차는 프로그램 개발 및 단위학교 교육과정 개발 시에도 적용이 가능하다. 자세한 단계는 다음과 같다.

■ 1단계: 환경분석 및 요구분석

• **외부환경분석**: 산업동향, 인력동향, 지역동향 등 분석

• **내부환경분석**: 학과현황, 학생현황, 교원현황 등 분석

• **요구분석**: 채용 시 산업체에서 요구하는 주요 내용의 분석 및 교육 수요자 요구 분석

• **관련규정**: 교육과정 편성 및 운영규정 등과 같은 관련 규정을 분석

■ 2단계: (개발하려는 전공의) 인재 양성 유형 설정 및 교육목표 수립

• 환경분석 및 요구분석을 바탕으로 인재 양성 유형 및 교육목표 수립

• 현장 전문가 선정 및 교육과정 개발위원회 구성[1]

■ 3단계: 전공능력 정의 기술

• 전공(학과)별 인재양성 유형 및 교육목표에 따른 핵심 전공능력과 하위전공능력 선정

• 선정된 핵심 전공능력의 정의 기술 및 필요한 직무능력 도출

■ 4단계: 전공능력 검증(타당도 검증 필요)[2]

• 도출된 전공능력에 대한 교육의 필요도 및 중요도를 검토

---

1) 속해 있는 교육기관의 환경과 여건을 고려하여 교육과정 개발위원회를 구성한다. 위원의 구성은 관련 전공의 전문가 혹은 관계자로 하며, 상황에 따라 학생 혹은 외부전문가를 위촉할 수 있다. 교육과정 개발 과정에서 정기적인 위원회를 열어 관계자들의 요구와 의견을 반영하고, 목표, 내용, 교수·학습방법, 평가방법, 교재 등 관련 정보를 공유하여 교육과정의 효과적인 구현을 기대할 수 있다.

2) 전공 분야의 전문가를 대상으로 포커스 그룹 인터뷰(FGI) 등의 내용타당도 검증을 권장한다. 포커스 그룹은 보통 6~12명의 관련 전문가를 한 그룹으로 하여 학문적, 실무적 경험을

● 전공능력 요소 및 하위능력의 수행준거 검증

■ 5단계: 교과목 도출

● 전공능력 단위의 내용,[3] 목표 및 관계 등을 고려한 교과목 도출

■ 6단계: 교과목 프로파일 작성

● 도출된 교과목에서 요구되는 수행준거, 지식, 기술 태도 등을 종합하여 작성

● (구성 요소) 교과목명, 관련 전공능력명, 수행준거, 교육목표, 교육 내용 등

■ 7단계: 교육과정 로드맵 작성

● 도출된 교과목에 대하여 인재양성 및 전공능력별 교육과정 로드맵 작성

● 교과 내용의 연속성, 계열성, 인재양성 및 교육목표 달성을 위한 종합성 등을 고려하여 교육과정 로드맵 작성

■ 8단계: 개발된 교육과정 타당도 및 신뢰도 검증

● 관련 규정을 근거로 개발된 교육과정의 이수학점, 이수구분 등의 학

가진 사람들로 구성한다. 전문가들에게 참여 동의를 얻고, 설문지 등의 질문내용과 가이드라인을 준비하여 각 항목에 대해 전문가들의 평점을 수집하여 내용타당도 지수(CVI)를 계산한다. 이는 각 항목의 타당성을 정량적으로 평가하는 방법이다.

3) OECD의 DeSeCo 프로젝트가 도화선이 되어 역량기반 교육과정이 초·중등학교 및 대학에서 활발히 적용되어 핵심역량을 편성하는 경우가 많다. 이러한 경우 교과목 편성 시 핵심역량과 전공능력 편성 비율을 총합 100으로 놓고, 핵심역량 30:전공능력 70의 비율과 같이 편성하는 방법도 있다.

사·행정 사항을 점검
- 개발된 교육과정의 타당도 및 신뢰도를 전공 관련 전문가를 통해 검증
- 그 결과 타당도와 신뢰도가 낮다고 평가된 내용을 수정·보완
- 최종 교육과정 도출

■ 9단계: 교육과정 운영계획 수립
- 개발된 신규 교육과정이 실제 운영될 수 있도록 수업 개설, 강사 채용, 설명회 등의 운영계획을 구체적으로 수립

■ 10단계: 최종 교육과정 개발 완료
- 교육과정심의위원회 등 관련 기구의 최종심의
- 최종 교육과정 개발 및 운영

4 관계 법령 및 기타

체계적이고 효율적인 교육과정 운영을 보장하고, 교육의 질을 높이기 위해 관계 법률을 정하기도 한다.

1)「고등교육법」

「고등교육법」 제21조(교육과정의 운영)
① 학교는 학칙으로 정하는 바에 따라 교육과정을 운영하여야 한다. 다만,

국내대학 또는 외국대학과 공동으로 운영하는 교육과정에 대하여는 대
통령령으로 정한다.

…(중략)…

③ 교과(教科)의 이수(履修)는 평점과 학점제 등에 의하되, 학점당 필요한 이
수시간 등은 대통령령으로 정한다.

2)「고등교육법 시행령」

📖 「고등교육법 시행령」 제4조(학칙)

① 법 제6조의 규정에 의한 학교규칙(이하 "학칙"이라 한다)에는 다음 각 호의
사항을 기재하여야 한다.

1. 전공의 설치와 학생정원
2. 수업연한 · 재학연한, 학기와 수업일수 및 휴업일
3. 입학, 재 · 편입학, 휴 · 복학, 모집단위 간 이동 또는 전과 · 자퇴 · 제적
  · 유급 · 수료 · 졸업 및 징계
4. 학위의 종류 및 수여
5. 교육과정의 운영, 교과의 이수단위 및 성적의 관리
6. 복수전공 및 학점인정

…(생략)…

📖 「고등교육법 시행령」 제15조(학점인정의 범위 및 기준 등)

① 법 제23조 제1항 각 호 외의 부분에서 "대통령령으로 정하는 범위"란 다
음 각 호의 구분에 따른 범위를 말한다.

1. 법 제23조 제1항 제1호부터 제3호까지 또는 제5호 중 어느 하나 이상
  에 해당하는 경우: 다음 각 목의 구분에 따른 범위

가. 해당 학교가 제13조 제1항에 따라 다른 국내대학이나 외국대학과 공동으로 운영하는 교육과정을 이수한 경우: 대학 간 협약을 통해 정하는 학점 인정의 범위 이내

나. 해당 학교가 제13조의2 제1항에 따라 외국대학으로 하여금 운영하게 한 교육과정을 이수한 경우: 대학 간 협약을 통해 정하는 학점 인정의 범위 이내

다. 가목 및 나목 외의 경우: 졸업에 필요한 학점의 2분의 1 이내

2. 법 제23조 제1항 제4호에 해당하는 경우: 학기당 6학점 이내, 연(年) 12학점 이내

3. 법 제23조 제1항 제6호에 해당하는 경우: 졸업에 필요한 학점의 4분의 1 이내

② 제1항에도 불구하고 제1항 제1호 가목 또는 다목의 어느 하나와 같은 항 제3호에 모두 해당하는 경우에는 학점인정범위가 더 큰 기준을 적용한다.

③ 학교의 장이 법 제23조 제1항 제6호에 따라 학생의 학점 취득을 인정하려면 제19조에 따라 해당 학생이 선택한 전공에 따른 교육과정과 국내외의 다른 학교 · 연구기관 또는 산업체 등에서 학습 · 연구 · 실습 또는 근무한 경험 사이에 학칙으로 정하는 바에 따른 관련성이 있어야 한다.

이상의 「고등교육법」과 「고등교육법 시행령」과 같이 국가가 법적 근거를 제공하기도 한다.

3) 대학의 교육과정 운영 규정

교육과정을 개발하여 적용하려고 하는 학교나 기관에 교육과정 편성 및 운영 규정 등과 같이 관계된 규정이 있을 수 있다.

다음은 국내 모 대학의 교육과정 운영 규정의 일부 내용이다.

📖 교과과정 편성 및 운영에 관한 지침

제1조(목적) 이 지침의 제정 목적은 학칙 제9조 제3항의 위임에 따른 교과과정의 편성 및 운영 기준과 절차 등의 세부사항을 정함에 있다.

제2조(정의) 이 지침에서 사용하는 용어의 뜻은 별표 1과 같다.

제3조(교과과정의 편성 기준) 교과과정의 편성은 다음 각 호의 기준을 충족하여야 한다.

1. ○○대학교의 위상과 교육목표에 부합
2. 대학(원), 학과(부) 등 교육기구별 특성 및 해당 학문영역 발전에 부응
3. 각 학문분야의 학제적 교육·연구 활동의 제고
4. 학사·석사·박사 등 각 학위과정의 체계적 이수

제4조(교과목의 편성 및 운영) 교과목의 편성 및 운영은 대학(원), 학과(부)·전공 등 해당 교육기구가 주관하는 것을 원칙으로 하되, 제9조 제1항의 공통교과목으로 편성된 교과목은 기초교육원에서 주관한다. 이는 학사운영위원회의 심의를 거쳐 총장의 승인을 받아야 한다.

···(중략)···

제10조(전공 나열교과목) ① 전공 나열교과목이란 해당 학과(부)·전공에서 교과과정으로 편성하고 있는 개설 가능한 전공교과목을 말한다.

② 대학(원)의 학과(부)·전공에서 전공교과목으로 나열할 수 있는 최대학점 수는 전공이수 학점 수의 4배수로 한다. 다만, 학칙상 또는 교과과정상 전공의 최대 나열학점 수는 해당 학과(부) 최대 나열학점 수의 70%를 초과할 수 없다.

③ 제9조 제3항의 규정에 의한 학과(부)의 공통교과목 나열학점 수는 해당 학과(부) 나열학점 수의 30% 이내로 한다.

제11조(교과목의 학점구조 표시) ① 교과목의 학점구조는 '학점 수−주당 강의시

간—주당 실험시간 또는 주당 실습시간'으로 표시한다. 다만, 주당 편성
시수를 산출하기 어려운 교과목은 예외적으로 '학점 수—(총 강의시간)—
(총 실험시간) 또는 (총 실습시간)'으로 표시할 수 있다.

② 학점이 없는 교과목은 두지 않는다.

제12조(교과목 신설) ① 교과목을 신설하고자 할 경우에는 기존의 교과목과 동
일한 명칭을 사용할 수 없다. 다만, 부득이한 경우에는 관련 대학(원)과
조정을 거쳐 학사운영위원회의 승인을 받아야 한다.

② 교과목 명칭은 별표 2의 기준을 따른다.

제13조(교과목 변경) ① 기존 교과목의 명칭, 교과목구조 등 교과목 변경은 변
경 전·후 교과목 간의 학문적 동질성이 유지되는 범위에서 허용한다.

② 변경 전·후 교과목의 교과목번호에는 그 연혁을 표시하며, 연혁이 동일
한 교과목을 이수할 경우 동일 교과목을 재이수 또는 중복 이수한 것으로 본다.

제14조(교과목 폐지) ① 8개 학기 동안 미 개설된 교과목은 자동적으로 폐지된
다. 이 경우 폐지 후 2년간은 동일한 교과목을 신설할 수 없다.

② 교과목을 폐지할 경우에는 대체교과목을 지정하여야 한다.

제15조(대체교과목 지정) ① 대체교과목은 교과목이 폐지된 경우에 한하여 지정
할 수 있다.

② 교양교과목을 전공교과목으로 또는 전공교과목을 교양교과목으로 대
체 지정할 수 없다.

제16조(전공 선택 인정 교과목) 타 학과(부)·전공의 전공 교과목을 해당 학과
(부)·전공의 전공 선택 교과목으로 인정할 수 있으며, 그 범위는 교과과
정으로 정한다.

제17조(세부 이수기준) 학과(부)장 또는 전공주임은 이 지침의 범위에서 해당 학
과(부)·전공의 교과목 이수에 관한 세부 이수기준을 따로 정하여 시행
할 수 있다.

이상과 같이 교육과정을 새롭게 개발하거나 수정하고자 하는 경우 반드시 해당 기관에 확인하여 규정이 있는지 살펴보고, 관련 내용을 반영하여 교육과정을 개발하여야 한다. 이는 교육과정을 개발하는 데 있어 책임성과 투명성을 확보할 수 있으며, 일관성 및 표준화를 제공하고, 해당 교육기관이 제시한 기준을 충족하여 교육의 수준을 유지하거나 향상시켜 학생들의 학습권을 보호하는 데 도움을 주기도 한다.

제3장
전통적인 교육과정 개발모형 개관

하나의 학문 분야로서의 교육과정에서 R. Tyler, H. Taba, D. F. Walker 등 여러 학자는 교육과정 개발 모델을 제시하였고 이러한 전통적인 교육과정 개발 모형들은 실제 교육과정을 개발하는 과정에서 많은 도움을 주었다. 이를 토대로 실제 개발에 필요한 과정들이 보다 실천적인 방법에서 보완·변형되어 오늘날 다양한 절차로 교육과정이 개발되고 있다.

교육과정 개발모형은 교육과정을 보는 시각, 즉 교육과정 철학에 따라 달리 제시될 수 있다. 따라서 어느 수준 혹은 어느 장면에서든 특정 모형을 선택하게 되면, 이는 곧 그 모형에서 제시하는 절차를 따를 뿐만 아니라 그 모형에 가정된 관점이나 시각을 반영한다.

최근 들어 우리 사회가 모더니즘에서 포스트모더니즘으로 이동하면서 이러한 변화가 교육과정 개발에도 점차 영향을 미치고 있다. 기술적이고 엄밀하며 확실한 것을 강조하는 모더니즘 사회에서는 교육과정 개발 또한 확실하고 엄밀한 것에 토대를 둔 기술적이고 과학적인 접근이 일반적이었다. 그러나 이러한 기술적이고 과학적인 접근은 한계를 드러내기도 하며 종전의 기술적이고 과학적인 접근과는 다른 새로운 형태의 접근을 요청하기도 한다.

따라서 이러한 변화에 대응하기 위해서는 전통적인 교육과정 개발 모형들을 이해하는 것이 중요하다. 이러한 모형들은 교육과정 철학과 관점에 따라 다양하게 제시될 수 있으며, 각 모형이 제안하는 절차와 가정된 시각을 이해하는 것이 필수적이다. 이에 따라 다음에서는 교육과정 개발에 대한 대표적인 모형들을 간략히 소개하여, 교육과정 개발자들이 이러한 모형들을 기반으로 보다 넓은 시각과 깊이 있는 이해를 가질 수 있도록 돕고자 한다.

1 Tyler의 교육과정 개발모형

R. Tyler(1949)는 1949년에 출판한 『교육과정과 수업의 기본 원리(Basic principles of curriculum and instruction)』라는 책에서 교육목표의 설정을 시작으로 학습 경험의 선정과 조직을 거쳐 평가에 이르는 합리적 교육과정 개발 모형을 제시하였다.

Tyler 모형의 기본성격은 다음과 같다.

▣ 목표의 우위

Tyler의 교육과정 개발모형은 교육목표를 우위에 두고 교육과정의 모든 다른 측면을 교육목표 달성의 수단으로 보는 교육과정 모형이라 할 수 있다.

▣ 처방적 · 연역적 · 직선적 모형

교육과정 개발자들이 따라야 할 절차를 제시한다는 점에서 처방적 모형이고, 교과에서 단원으로 진행한다는 점에서 연역적 모형이며, 목표에서 평가로 진행되는 일정 방향을 가진다는 점에서 직선적 모형이다.

▣ 교육의 결과를 더 중시

이 모형에서는 교육과정 자체에서 일어나는 다양한 절차나 활동보다는, 그 결과로 나타나는 학생의 성취와 변화에 더욱 큰 관심을 둔다. 따라서 교육의 과정에서 어떤 활동이 일어났는지보다, 그 결과로 학생들이 목표한 학습성과를 얼마나 달성했는지가 중요하게 여겨진다. 이는 마치 여행의 여정보다는 도착지에서의 성과가 더 중요하다고 보는 관점과 유사하다.

▣ 교육목표는 학생의 도착점 행동으로 진술

결과를 더 중시하는 목표모형에서는 교육목표가 교육의 결과 학생이 나타내 보일 행동(도착점 행동)으로 진술되기를 요구한다.

Tyler는 네 가지 질문을 던지면서 이에 대한 답을 제시하고 있는데, 이 네 가지 질문은 오늘날까지 교육과정 개발 시 필요한 핵심적인 구성 요소가 되어 왔다. Tyler가 교육과정 개발과 관련하여 던진 네 가지 질문은 다음과 같다.

① 학교에서 달성하고자 하는 교육목표는 무엇인가?
② 수립된 교육목표를 달성하는 데 유용한 학습경험이 어떻게 선정될

수 있는가?

③ 학습 경험은 효과적인 수업을 위해 어떻게 조직될 수 있는가?

④ 학습 경험의 효과는 어떻게 평가될 수 있는가?

이상의 각 물음은 교육목표의 설정, 학습경험의 선정, 학습경험의 조직, 학습성과의 평가로 요약할 수 있는데, 이는 Tyler가 말하는 교육과정의 네 가지 기본 구성 요소를 가리킨다. 이 네 가지 요소는 순차적으로 이루어져야 한다. 즉, 교육목표가 가장 먼저 설정되어야 하고, 이 목표에 따라 적절한 학습경험이 선정되고 조직되어야 하며, 마지막으로 평가가 이루어져야 한다.

이상에서 검토한 Tyler의 교육과정 개발모형을 그림으로 나타내면 [그림 3-1]과 같다.

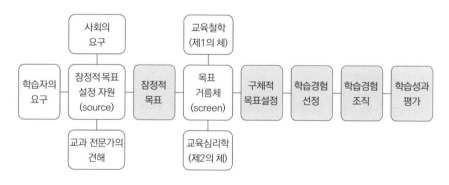

[그림 3-1] Tyler의 교육과정 개발 모형

Tyler의 교육과정 개발모형에서 가장 중요시되는 것은 교육목표의 설정이다. 왜냐하면 교육목표는 교육과정 개발 과정에서 가장 먼저 결정되어야 하며 후속 절차의 기준이 되기 때문이다. 교육목표는 학습자에 대한 연구, 사회의 요구에 대한 조사, 그리고 교과 전문가의 제언으로부터 도출된다. 이것은 교육철학과 학습심리학이라는 체를 통해 거르는 과정을 거친다. 즉, 잠정적으로 설정된 교육목표가 학습자에게 적절한 것인지, 추구할 가치가 있는 것인지를 따져 본 후에 최종적인 교육목표가 설정된다.

Tyler의 모형은 교육과정 개발자들이 교육과정을 개발할 때 어떤 순서로 어떻게 해결할 것인가에 대한 절차를 제시한다는 점에서 처방적 모형이다. 그리고 전체 교과에서 단원의 개발로 향하는 연역적 모형이며, 목표에서 평가로 진행하는 일정 방향을 가진다는 점에서 직선적 모형으로 간주된다.

Tyler 모형은 오늘날까지 교육과정 개발의 전형이 되어 왔던 모형이다. 그럼에도 오늘날 교육과정을 보는 관점이 다양해지면서 Tyler 모형에 대한 비판이 제기되기도 한다. Tyler 모형에 대한 비판은 다음 세 가지로 요약할 수 있다.

첫째, Tyler 모형은 교육과정 개발이 네 가지 요소를 순차적이고 단계적으로 진행하는 과정이라고 가정하지만, 실제로는 교육과정 개발이 훨씬 복잡하고 다양하며, 이 과정에서 네 가지 구성 요소는 서로 상호작용하는 관계에 있다. 둘째, Tyler 모형은 교육과정 개발의 기준, 절차, 방법에만 초점을 맞추어 교육목표나 교육내용에 대한 직접적인 해결책을 제시하지 못한다. 셋째, Tyler 모형은 교육목표의 효율적 달성에만 중점을 두어, 개발 과정에서 발생할 수 있는 보이지 않는 정치적 측면이나 결과적으로 나타날 잠재적 측면을 간과한다.

2 Taba의 귀납적 모형

H. Taba(1962)는 교육과정이 교사에 의해 개발되어야 함을 강조하면서 교수–학습 단원을 만듦으로써 개발이 시작되어야 한다고 하였다. Taba는 학년 또는 교과의 특성을 나타내는 시험적인 단원 개발, 시험적인 단원의 실행, 시험적인 단원의 수정과 보완, 범위(scope)와 순서(sequence)에 따른 단원 배열, 그리고 새 단원의 보급 등 5단계로 이루어진 교육과정 모형을 제시하였다.

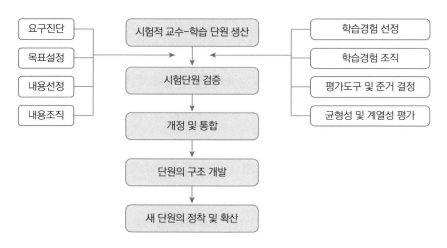

[그림 3-2] Taba의 귀납적 모형

여기서 첫 단계에 해당하는 시험적인 단원을 개발하는 데는, 다음과 같은 여덟 가지 하위 단계가 순차적으로 요구된다.

① 요구진단을 비롯하여

② 목표설정
③ 내용선정
④ 내용조직
⑤ 학습경험 선정
⑥ 학습활동 조직
⑦ 평가도구 및 준거 결정
⑧ 균형성 및 계열성 평가

두 번째 단계는 시험 단원의 실행으로서 이 단계의 목적은 하나 또는 그 이상의 학년 수준들과 교과 영역들로 확대될 수 있는 교과과정을 창출하는 데 있다. 앞의 첫 번째 단계에서는 시험적인 단원이 자신의 학급이나 교과 영역을 대상으로 개발된 바, 이의 교수 가능성과 타당성을 검증하기 위해 다른 수준의 학년이나 교과 영역에 확대·적용해 보는 것이 필요하다.

세 번째 단계는 개발된 단원들을 수정하고 통합하여 모든 유형의 학급에도 잘 맞는 보편화된 교육과정을 개발하는 것이다.

네 번째 단계는 여러 개의 단원을 구조화하여 전체 범위와 계열성을 검증하는 일이다.

마지막으로 새 단원을 교실의 실제 수업에 본격적으로 투입하여 정착시키고 교사들의 현직 연수 등을 통하여 확산시켜 나가는 것이 필요하다.

Taba의 교육과정 개발모형은 개발자들이 따라야 할 절차를 제시한다는 점에서 처방적 모형이고, 단원 개발에서 출발하여 교과 형성으로 진행된다는 점에서 귀납적 모형이며, 계속적인 요구진단을 통하여 교육과정 요소들의 상호작용을 강조했다는 점에서 역동적 모형에 가깝다.

3 Walker의 자연주의적 교육과정 개발모형

　D. F. Walker(1972)는 교육과정을 개발할 때 따라야 할 합리적인 절차를 제시하는 것보다는 교육과정 개발 과정을 관찰하여 그 과정을 묘사하는 데 관심을 가졌다. 그는 교육과정 개발 과정에 실제로 참여하면서 교육과정 개발이 Tyler의 처방대로 진행되지 않는다는 사실을 발견했다. 그의 모형은 실제 상황에서 교육과정이 어떻게 개발되는가를 기술해 가면서 발견한 것을 토대로 교육과정 개발에서 무엇을 하는지를 구체적으로 드러내 주는 특징을 지닌다.

　Walker의 모형에 따르면, 교육과정 개발 과정에서 참여자들은 다양한 견해를 제시하는 '강령(platform)' 단계와 다양한 대안에 대한 논의를 거쳐 합의에 이르는 '숙의(deliberation)' 단계를 거친다. 그 후 숙의 단계에서 선택된 대안을 실천 가능한 형태로 구체화하는 '설계(design)' 단계를 따르게 된다. 따라서 Walker의 자연주의적 교육과정 개발모형은 강령, 숙의, 설계의 세 단계로 구성된다.

　Walker의 모형을 그림으로 나타내면 [그림 3-3]과 같다.

　Walker의 모형은 교육과정 개발 참여진들의 의견이 타협되고 조정되는 과정을 강조한다. 이것은 흔히 '숙의'라고 불리는 것이다. 즉, Walker의 모형은 결과보다는 의사결정 과정이나 절차에 초점을 두고 있으며, 이 점에서 과정 지향적인 성격을 지닌다.

　Walker의 모형은 교육과정 개발자들이 실제로 따르고 있는 절차를 기술하고 있다는 점에서, 기술적(descriptive) 모형이라고 할 수 있으며, 이는 Tyler의 처방적(prescriptive) 모형과 비교될 수 있다. 특히 이 모형은 교육

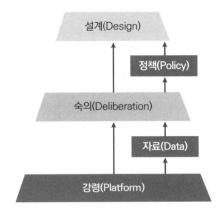

[그림 3-3] Walker의 자연주의적 교육과정 개발 모형

과정 계획 측면을 상세히 제시하여 교육과정 개발에 참여한 인사들이 처음부터 서로 다른 토대와 입장에서 출발하고 있음을 보여 준다. 또한 이 모형은 참여자들이 서로 다른 입장에 반응하고 숙의하기 위해 의견조정에 상당한 시간을 보내고 있음을 보여 준다. 이렇게 하여 이 모형은 교육과정을 계획하는 동안 실제로 일어나는 것을 아주 정확하게 묘사해 준다.

그러나 Walker의 모형은 거의 전적으로 교육과정 계획에만 초점이 맞추어져 있다는 비판을 받는다. 즉, 이 모형은 교육과정 설계가 완성된 뒤에 무슨 일이 어떻게 일어나야 하는지에 대해서는 언급하지 않은 채, 설계가 이루어지기 전까지의 과정에 대해서만 상세하게 제시하고 있다. 따라서 이 모형 역시 Tyler 모형과 마찬가지로 교육내용에 대한 직접적인 답을 제공하지 못한다. 다시 말해서 Walker의 자연주의적 모형은 교육과정에 관한 의사결정을 어떻게 효과적으로 전개할 수 있는가에만 역점을 둘 뿐, 숙의 과정과 설계 과정에서 왜 이 내용을 가르쳐야 하는지에 대해서는 의문을 제기하지 않는다(이귀윤, 1996).

〈표 3-1〉 Walker의 교육과정 개발 단계 주장 요지

단계	주장 요지
1. 강령	- 교육과정 의사결정에 가장 큰 영향을 미치는 요인은 의사결정자이다. - 교육과정 의사결정 과정에 의사결정자들의 주관적 경험, 가치와 선호도, 전통 등이 교육목표보다 더 많은 작용을 한다.
2. 숙의	- 교육과정 개발은 비체계적 의사결정 과정이고 적절한 사실 확인 및 필요한 대안을 선택한다. - 의사결정에 있어 절차적인 해결이 아닌, 비규칙적이고 복잡한 수단과 목적의 상호작용에 의해 해결된다. - 교육과정 의사결정자들은 가치체계를 지니고 있는 결정권자들로서, 상황에 대한 의견 및 과정이 변할 수 있고, 주관적이라는 가능성을 열어 둔다. - 즉, 의사결정은 목적적, 선형적이 아닌 순환적, 역동적으로 진행된다.
3. 정치적 의사결정 과정	- 교육과정 의사결정 과정은 의사결정자의 정치적 작용이 반영된다. - 교육과정 의사결정은 '무엇을 어떻게 가르칠 것인가'에 대한 갈등 과정을 포함한다. - 교육과정 의사결정은 교육과정과 직접 연관된 정보나 지식보다 외적 요인과 외부 압력에 더 영향을 받는다. - 교육과정 개발 과정에 참여하는 사람은 '특정' 의사결정자가 더 많다.

4 Wiggins와 Mctighe의 백워드 교육과정 설계 모형

기존의 교육과정 개발 모형(Tyler)에서는 평가 계획이 교육과정 개발의 마지막 단계에서 이루어지는 것과 달리 백워드 교육과정 설계모형에서는 교사가 추구하는 목표를 설정하고 그 목표를 학생들이 이해하였다면 무엇을 할 수 있는지에 대한 평가를 학습경험을 계획하기 전에 고려한다. 학습활동은 학생들이 평가과제를 성공적으로 달성할 수 있도록 도와주는 방식으로 개발되어 평가가 수업의 전반을 이끌어 주며 이는 백워드 교육과정

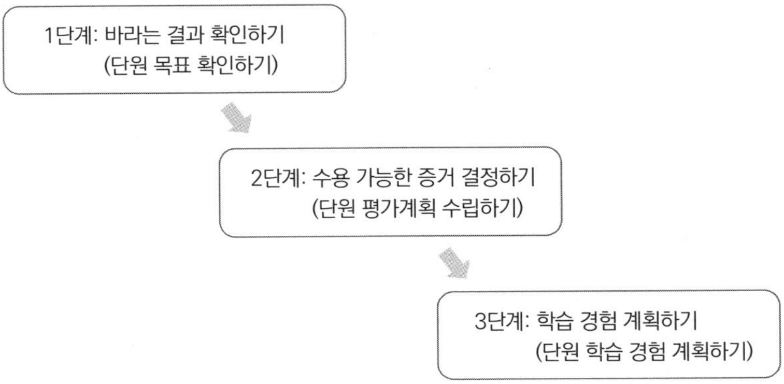

[그림 3-4] Wiggins와 Mctighe의 백워드 모형

의 절차상 큰 특징이다.

■ 1단계: 단원 목적 설정과 질문 개발

• 단원의 궁극적 목적

백워드 교육과정 설계모형이 궁극적으로 이루고자 하는 단원 목적은 그 학문에 가장 핵심적이고 기본적이면서도 변화하지 않고 영속되는 거시의 이해, 지속적 이해를 의미한다.

• 단원 목적 설정과 질문 개발

교육과정 설계자는 성취기준을 분석하여 성취기준이 되는 개념이 어떤 종류의 이해를 바탕으로 하는지 확인한 다음 단원 목표를 설정한다. 단원 목표를 설정한 후 단원 전체를 구조화할 수 있는 포괄적인 질문과 구체적인 내용 중심의 단원 질문을 진술한다.

▣ 2단계: 평가 계획

학생들이 성취한 결과를 확인할 수 있도록 수행과제와 포트폴리오, 지필검사, 학생의 자기평가와 반성 방법 등 다양한 평가방법을 계획한다.

▣ 3단계: 학습 경험과 수업 전개 내용의 계획

학습목표와 이를 확인할 수 있는 평가계획에 근거하여 어떤 수업전략을 활용하여 학습경험을 어떤 순서로 전개할 것인지를 계획한다.

이상과 같이 교육과정 개발모형에는 그 개발자의 철학에 따라 선택하여 적용할 수 있는 다양한 교육과정 개발모형이 있다.

제4장

교육과정 개발 절차

교육과정 개발은 교육과정의 주요 구성 요소들을 어떻게 배열하느냐와 밀접한 관련이 있다. 여기서는 앞서 소개한 교육과정 개발모형 중 Tyler 모형이 제시한 교육과정 개발 절차를 통해 교육과정 개발 원리를 소개하고자 한다. Tyler 모형은 앞서 언급한 것처럼 한계를 가지고 있지만 그럼에도 교육과정 개발의 주요 구성 요소가 교육목표의 설정, 교육내용의 선정, 교육내용의 조직, 평가라는 데에는 일반적인 합의가 이루어지고 있고, Tyler의 모형은 교육과정 개발의 전형으로 쓰이고 있기 때문이다.

1 교육목표 설정

일반적으로 교육목표란 교육을 통해서 기대하는 성과를 의미한다. 물론 교육 장면에서 처음에 의도한 교육목표와 그 성과가 반드시 일치하기란 어렵다. 따라서 일부에서는 교육목표를 미리 설정한다거나 모든 교육활동을 미리 설정된 교육목표 달성으로만 이끄는 것에 대해 반대하기도 한다.

그러나 학교 교육이 유목적적인 활동이 되기 위해서는 교육목표가 무엇이되어야 하며 이는 어떻게 설정하는 것이 바람직한 것인지에 대한 신중한검토가 요구된다.

엄밀히 말하면, 목표는 어느 수준에서 쓰이는가에 따라서 일반적인 수준에서부터 구체적인 수준으로까지 개념화될 수 있다. 국가나 체제 수준에서 거시적, 장기적으로 제시한 것은 교육목적(aims of education)에 해당하며, 이는 일반적이고 광범위한 진술 형태를 띤다. 개별 학교의 교사 수준에서 만들어지는 것은 수업목표(instructional objectives)에 해당하며, 이는 구체적이고 학습자 행동을 드러내는 진술 형태를 띤다. 그리고 교육목적과 수업목표 사이에 놓여 있는 것이 교육목표(goals of education)에 해당하며, 이것은 교육목적보다는 구체적이고 분명하나 수업목표보다는 일반적인 진술 형태를 띤다.

1) 교육목표 설정 자원

교육적으로 가치 있는 목적은 최종적으로 바르고 균형 잡힌 판단에 의하여 결정되어야 하지만, 이보다 먼저 생각해야 할 것은 교육목적의 후보자들을 어디서 발견해 낼 것인가 하는 문제이다. 일찍이 교육목적을 끄집어내는 원천으로 Tyler(1949)가 생각한 학습자, 사회, 교과의 세 가지 자원은 교육과정의 역사를 통해서 여전히 강조되고 있지만, 교육목적의 수준에 따라 교육목적 설정의 자원은 달라지게 된다.

먼저, 교육의 목적을 결정하는 교육자들에게는 교육에 대한 학생들의요구와 사회의 요구조사 결과가 주요한 자원이 된다. 경험적으로 수집된 이들 자료는 교육의 목적을 설정하는 데 필요한 정보를 제시해 준다. 그리고 교육문헌 속에 제시된 기존의 각종 교육목적들은 교육자들이 교육목적을 설정할 때 흔히 이용하는 자원들이다.

다음으로 교육자들이 교육의 일반적 목표나 구체적 목표를 결정할 때도 학생과 사회의 교육적 요구는 주요한 자원이 된다. 그리고 교육의 일반적 목표와 구체적 목표는 교과라는 매개물을 통해 실현되기 때문에, 교과 전문가들이 학회, 기관지, 협의회 등을 통하여 제시하는 견해들도 중요한 자원이 된다. 또한 교과별 수업목표 체계를 잘 정리해 놓은 각종 보고서와 저서는 교육의 구체적 목표를 세우는 데 매우 유용한 참고 자원으로 활용된다. 특히 오늘날에는 급변하는 사회 및 산업현장에서 요구하는 사항들이 많은데 이 또한 교육목표 설정의 중요한 고려 요인이다.

2) 교육목표 설정 단계

교육목표를 설정하는 단계를 요약하면 다음과 같다.

첫째, 잠정적인 교육목표를 설정한다. 교육과정을 계획하는 사람들은 교육과정 지침서, 교과서, 교육학자와 심리학자들이 제시한 기초 연구 등을 토대로 하거나 학교행정가와 교육과정 전문가가 참여하는 협의회나 학생들이 참여하는 모임을 통하여 잠정적인 교육목표를 설정하고 기대 수준을 측정한다.

둘째, 잠정적 교육목표들의 우선순위를 정한다. 교직원, 학부모, 학생, 지역사회, 직업현장 등은 잠정적 목표 중에서 가장 관심이 있거나, 중요하거나, 강조해야 할 목표들을 중심으로 하여 이들 각각에 대한 우선순위를 매긴다.

　셋째, 잠정적 목표 영역에 대한 학생들의 현재 실태를 조사한다. 학생들의 실태는 관찰이나 주위 사람들의 보고 등을 통하여 학생들의 현재 상태를 추정하는 방법이나, 목표 관련 평가지를 통한 객관적인 방식으로 조사된다. 대부분의 대학에서 시행하고 있는 전공능력진단평가나 교육수요자요구 조사 등의 결과 중 학생들의 현재 실태를 파악할 수 있는 평가 결과를 활용하는 것도 좋은 방법이다.

　넷째, 둘째 단계에서 결정된 잠정적 목표들의 우선순위와 셋째 단계에서 밝혀진 현재 실태 간의 간격을 통하여 최종적인 교육목표들과 그들의 우선순위를 결정한다.

3) 교육목표 분류 및 기술 방법

　교육목표는 교육을 통해 기대되는 성과를 의미하는 것으로서, 교육활동의 기준과 방향을 제시한다. 따라서 교육목표는 구체적이면 구체적일수록 교육활동의 내용과 이를 통해 달성해야 할 것들을 분명히 밝혀 준다고 할 수 있다. 그리하여 많은 학자들은 교육목표를 구체화 혹은 상세화할 수 있는 방안을 제시하여 왔다.

　특히 Bloom(1956)은 행동을 크게 인지적(cognitive) 영역, 정의적 (affective) 영역, 심동적(psychomotor) 영역으로 나눈 다음 영역마다 각각 교육목표에 진술되어 있는 행동을 분류하는 준거를 제시했다. 교육목표 분류학의 세 영역은 유용한 분류체계를 제시해 주고는 있지만 목표진술에서 특히 강조되어야 할 바를 나타내는 것이지, 그 분류가 절대적이고 배타적인 영역 구분은 아니라는 것을 염두에 두어야만 한다.

　그리고 일반적으로 학교에서 행동 영역을 지식, 이해, 적용, 태도, 기능 등으로 분류하는 것이 보편화되어 있다.

(1) 인지적 영역

인지적 영역의 분류는 크게 지식과 지적 능력으로 분류되고, 지적 기능 은 다시 이해, 적용, 분석, 종합, 평가의 영역으로 세분화되며, 각각의 영역 들은 일정한 위계관계를 가짐과 동시에 하위분류 유목을 준거로 세분화된 다. 이들 여섯 가지 사고 과정은 완전히 별개의 순수한 사고 과정이 아니 라 누가적, 복합적, 위계적 성질의 사고 과정이다.

[그림 4-1] Bloom의 인지적 영역 교수목표 분류

① **지식**: 이미 배운 내용, 즉 사실, 개념, 원리, 방법, 유형, 구조 등을 기 억하는 것으로, 이는 한 교과영역 속에 담겨 있는 특정 요소의 상기 나 재생 또는 재인(再認)을 의미한다.

　목표 기술 TIP(동사)　찾아내다, 명명하다, 정의하다, 설명하다, 열거하 다, 연결하다, 선택하다, 약술하다

② 이해

- 번역(변환): 이미 알고 있는 개념이나 의미전달의 매체를 다른 언어나 형태로 변환
- 해석: 주어진 자료를 아이디어의 구성체로 보고 이들이 연결되었을 때 어떤 의미를 가지는지를 파악하는 것
- 추론: 자료에서 주어진 경향, 추세, 조건들을 해독하고 그 결과를 추측할 수 있는 능력

목표 기술 TIP(동사) 분류하다, 설명하다, 종합하다, 전환하다, 예측하다, 구별하다

③ **적용**: 이미 배운 내용, 즉 개념, 규칙, 원리, 이론, 기술, 방법 등을 구체적인 또는 새로운 장면에서 응용하는 능력을 말한다.

목표 기술 TIP(동사) 변환하다, 계산하다, 풀다, 수정하다, 재배열하다, 조직하다, 관계짓다

④ **분석**

- 하위 요소로 분해: 의사전달 자료의 저자가 의도하는 가정, 가치, 관점을 분석하여 특정한 진술문이 자료에서 어떤 기능을 하는지 밝혀낼 수 있는 능력
- 관계의 분석력: 요소와 요소 사이의 관계, 부분과 부분 사이의 관계를 찾아내는 능력

목표 기술 TIP(동사) 변별하다, 도식화하다, 추정하다, 구분하다, 추론하다, 구성하다, 세분하다

⑤ **종합**: 이전에 경험한 내용이나 지니고 있는 자료들을 새롭고 잘 통합된 전체로 구성해 새로운 자료로 내용 및 요소를 정리하고, 조직하

고, 창안하는 능력을 말한다.

- 기능
  - 타인에게 자신의 감정, 경험, 아이디어 등을 나름대로의 방법으로 표현하는 능력
  - 조작 및 작동을 할 때 필요한 계획 및 절차를 창안하고 고안해 내는 능력
  - 특정 자료나 현상을 분류, 설명하기 위한 이론이나 가설의 추출 능력

목표 기술 TIP(동사)　종합하다, 창안하다, 고안하다, 설계하다, 합성하다, 구조화하다, 재배열하다, 개정하다

⑥ **평가**: 어떤 특정한 목적과 의도를 근거로 하여 주어진 자료 또는 방법이 갖고 있는 가치를 판단하는 능력을 말한다.

- 내적 준거에 의한 평가: 의사소통의 정확성과 일관성이라는 내적 준거에 의해 판단하는 능력
- 외적 준거에 의한 평가: 미리 설정된 준거에 의해 자료, 사물, 정책 등을 판단하는 능력

목표 기술 TIP(동사)　판단하다, 비판하다, 비교하다, 정당화하다, 결론 짓다, 판별하다, 지지하다

(2) 정의적 영역

정의적 영역은 인간의 흥미 · 태도 · 감상 · 가치관 · 감정 · 신념 등에 관련되는 교육목표의 영역이다. Bloom은 정의적 영역의 행동 목표들을 흥미, 태도, 감상, 가치, 정서적 반응, 경향 또는 편견 등으로 표현하였다.

① **수용(감수)**: 어떤 자극이나 활동을 기꺼이 수용하고 자발적으로 주의를 기울이게 되는 것과 같은 민감성을 의미하며, 감지(感知), 자진감수(自進感受), 주의집중이 이에 속한다.

> **목표 기술 TIP(동사)** 묻다, 가려잡다, 찾아내다, 이름짓다, 지적하다, 선택하다, 대답하다, 사용하다

② **반응**: 어떤 자극 또는 활동에 적극적으로 참여하고 자발적으로 반응하며 그러한 참여와 반응에서 만족감을 얻게 되는 행동을 말하는데 묵종반응(默從反應), 자진반응(自進反應), 만족이 이에 속한다.

> **목표 기술 TIP(동사)** 확인하다, 인사하다, 돕다, 실행하다, 제시하다, 암송하다, 보고하다, 선택하다, 말하다, 쓰다

③ **가치화**: 특정한 대상, 활동 또는 행동에 대하여 의의와 가치를 직접 추구하고 행동으로 나타내는 정도. 즉, 한 사물, 현상 또는 행동이 가치가 있다는 의미로 쓰이며, 가치수용(價値受容), 가치채택, 확신이 이에 속한다.

> **목표 기술 TIP(동사)** 완성하다, 기술하다, 구분하다, 초대하다, 참가하다, 입증하다, 제안하다, 분담하다, 공부하다, 일하다, 논쟁하다, 항변하다

④ **조직화**: 학습자가 여러 가치를 내면화함에 따라, 하나 이상의 가치가 관련되는 사태에 당면하게 될 때 여러 가치를 하나의 가치로 체계화 · 조직화하고 상호관계를 살피며 지배적 가치를 정하는 것을 말하며, 가치의 개념화, 가치체계의 조직이 이에 속한다.

> **목표 기술 TIP(동사)** 주장하다, 정리하다, 결합하다, 비교하다, 완성하다, 변호하다, 일반화하다, 조직하다, 수정하다

⑤ **인격화**: 개인의 행동 및 생활의 기준이 되며 가치관이 지속적이고 일
관성 있고 또 그것이 그의 행동을 예측할 수 있을 정도로 확고하게
그의 인격의 일부로 내면화된 정도를 의미한다. 즉, 일반화된 행동태
세와 인격화가 이에 속한다.

목표 기술 TIP(동사)　활동하다, 변별하다, 경청하다, 실천하다, 제안하
다, 봉사하다, 해결하다, 개정하다, 사용하다, 증명하다, 실행하다

(3) 심동적 영역

심동적 영역은 근육이나 운동기능을 강조하는 것으로서 자료나 대상의 조
작, 신경근육적 조정 등이 요구되는 행동들이 여기에 속한다. Simpson
(1966)과 Harrow(1972) 등은 Bloom의 목표분류체계에 입각하여 심동적
영역의 목표분류를 체계화하였다. 여기서는 Harrow(1972)의 분류방식을
제시하고자 한다.

① **반사동작**: 반사동작은 무릎반사와 같이 개인의 의지와는 관계없이 나
타나는 단순한 반사운동을 말한다. 이러한 반사동작은 훈련이나 교
육에 의해서 발달하는 것이 아니므로 교수목표로 설정될 수 없는 행
동이지만 보다 높은 운동기능의 발달에 기초가 된다.
② **초보적 기초동작**: 초보적 기초동작은 잡기, 서기, 걷기와 같이 여러 가
지 또는 몇 개의 반사적 운동이 함께 발달되고 통합됨으로써 이루어
지는 동작을 뜻한다.
③ **운동지각능력**: 운동지각능력은 감각기관을 통하여 자극을 지각하고
해석하며 그것을 토대로 환경에 대처하고 적응하는 기능을 말한다.

④ **신체적 능력**: 신체적 능력은 숙련된 운동 기능의 발달에 필수적인 요소로, 민첩하고 유연하게 일련의 운동 동작을 연속적으로 수행하기 위한 기초 능력을 말한다. 여기에는 지구력, 체력, 유연성, 민첩성 등이 포함된다.

⑤ **숙련된 운동능력**: 타자 및 기계체조와 같이 비교적 복잡하고 숙련된 기능을 요구하는 운동을 할 때 동작의 능률성, 숙달도, 통합성을 요구하는 운동기능을 뜻한다.

⑥ **동작적 의사소통**: 동작적 의사소통은 간단한 안면표정을 비롯해서 무용과 같이 신체적 운동 및 동작을 통하여 감정, 흥미, 의사 욕구 등을 표현하고 그 표현 자체를 창작하는 운동기능을 의미한다.

2 교육내용의 선정

교육내용은 교육목표의 영향을 받는다. 따라서 교육목표와 일관된 내용이 선정되어야 하며, 교육목표 설정 시 고려된 요인들이 내용 선정에서도 마찬가지로 고려되어야 한다. 교육내용을 선정할 때 학교 교육기간은 한정되어 있는데 배워야 할 내용이 너무 많은 경우가 있다. 따라서 교육과정 개발에 참여하는 사람들의 고민은 가장 가치 있는 교육내용을 어떻게 선정하고, 교과라는 그릇에 어떻게 담아야 하는가에 대한 것이다. 교육내용을 선정하는 데 도움이 되는 원리를 제시하면 다음과 같다.

1) 타당성의 원리

교육내용은 교육의 일반 목표 달성에 도움을 주는 것이어야 한다. 교육의 일반 목표는 어떤 교과를 가르쳐야 하는가를 시사해 주며 그 속에 어떤 지식, 기능, 가치들이 포함되어야 하는가를 대략적이나마 알려 준다.

2) 확실성의 원리

지식으로 구성되는 교육내용은 가능한 참이어야 한다. 참인가의 여부는 논리적이거나 경험적인 경우에는 간단하지만 윤리적이거나 미학적인 지식인 경우에는 가리기가 쉽지 않다.

3) 중요성의 원리

학문을 구성하는 가장 중요한 것들을 교육내용으로 삼아야 한다. 교육내용은 학문을 구성하는 가장 본질적인 부분을 나타내는 구조를 담아야 한다.

4) 사회적 유용성의 원리

교육내용은 사회의 유지와 변혁에 도움을 주는 것이어야 한다. 학생들이 살아가야 할 사회에 필요한 지식, 기능, 가치를 제시해야 한다.

5) 인간다운 발달의 원리

교육내용은 학생의 성장과 자아실현에 도움을 주는 것이어야 한다. 교육내용은 인간다운 발달에 기여할 때 그 가치를 발휘한다.

6) 흥미의 원리

교육내용은 학생의 흥미를 고려하여 선정되어야 한다. 교육내용의 선택의 폭을 확대하는 것은 학생의 흥미가 주요한 원리임을 반영한다.

7) 학습 가능성의 원리

교육내용은 학생들이 실제로 학습할 수 있도록 선정되어야 한다. 학생들의 능력과 발달 단계에 맞는 다양한 교육내용이 포함되어야 하며, 하나의 교육과정 내에서 심화, 기본, 보충 과정 등 다양한 수준의 교육내용을 제공함으로써, 모든 학생들이 자신에게 적합한 학습을 할 수 있도록 해야 한다.

3 교육내용의 조직

선정된 교육내용을 조직할 때 고려해야 할 핵심 요소는 '범위(scope)'와 '계열(sequence)'이다. 범위는 교육과정 요소들의 폭과 배열을 의미하며,

계열은 학기 또는 여러 해에 걸친 조직을 의미한다. 범위는 주로 횡적인 조직과 관련되고, 계열은 종적인 조직과 관련된다. 범위와 계열을 어떻게 구성하느냐에 따라 교육내용의 조직 방식은 다양하게 변할 수 있다.

1) 범위

교육내용의 범위(scope)를 결정하는 것은 폭과 깊이이다. 일반적으로 학교 교육의 수준이 높아짐에 따라 교육과정의 범위, 즉 내용의 폭과 깊이는 확대되고 심화된다. 범위와 관련한 대표적인 접근 방법은 분과적인 조직 방식과 통합적인 조직 방식이다. 전통적인 교육내용 조직 방식은 분과적인 것이었다. 이것은 모든 교육내용을 엄격하게 구분된 학문 조직 방식에 따라 분류하여 분리된 교과의 형태로 조직하는 것이다. 우리나라 교육과정을 구성하고 있는 교과목들, 예컨대 국어, 수학, 영어, 사회, 과학, 체육, 음악 등은 바로 이러한 전통적인 학문 분류 방식에 따라 분과적으로 조직된 것이라고 할 수 있다.

이에 반하여 통합적인 조직 방식은 경험 중심 교육과정의 영향으로 학습자의 흥미에 대한 고려나 일상생활의 문제에 대한 경험의 중요성이 강조되면서 관심을 갖기 시작한 방식이다. 통합의 형태는 비슷한 논리 구조를 갖는 교과끼리의 통합에서부터 특정 문제 중심으로 전 교과가 유기적으로 관련을 맺는 형태에 이르기까지 다양하다. 최근에는 학습자의 흥미를 유발할 수 있는 일상생활의 문제나 주제 중심으로 교육내용을 통합하려는 시도가 많이 이루어지고 있다. 전통적인 인문 교과를 넘어 통일, 환경성 교육 등의 범교과 학습이 대표적인 예라 할 수 있다.

2) 계열

계열(sequence)은 교육내용을 조직하는 종적 방식이다. 즉, 교육내용을 학년 수준에 따라 종적으로 조직할 때는 계열의 문제가 심각하게 고려되어야 한다. 계열은 내용을 가르치는 순서와 무엇이 다른 학습 내용 뒤에 와야 하는지에 관심이 있다. 전통적으로 교육내용을 조직할 때 계열을 보장하기 위해 사용해 온 원칙은 다음과 같다.

- 단순한 것으로부터 복잡한 것으로 나아감
- 전체로부터 부분으로 발전함
- 사건의 연대기적 순서로 제시함
- 구체적 경험에서 개념의 순서로 나아감
- 특정 개념이나 아이디어를 계속적으로 제시하되, 나선형적으로 그 내용을 심화 · 확대해서 제시함

4 평가와 피드백

평가와 피드백은 교육과정 개발의 핵심 요소 중 하나로, 교육목표의 달성도를 측정하고 교육활동의 효과를 확인하는 중요한 과정이다. 이를 통해 교수진은 교육과정을 지속적으로 개선할 수 있으며, 학습자들에게도 필요한 피드백을 제공하여 학습의 질을 높일 수 있다. 평가와 피드백은 다음과 같은 단계로 구성된다.

1) 평가 계획 수립

평가 계획은 교육목표와 일치하도록 설계되어야 한다. 평가 항목과 기준을 명확히 정의하고, 평가 방법을 선택한다. 평가 방법에는 형성평가와 총괄평가가 포함되며, 학습 과정 중간에 이루어지는 형성평가는 학습자들의 진행 상황을 확인하고 필요한 피드백을 제공하는 데 유용하다. 반면, 총괄평가는 학기 말이나 프로젝트 종료 시점에 교육목표 달성 여부를 종합적으로 평가한다.

2) 평가 기준 설정

평가 기준은 교육목표와 일치하도록 명확하고 구체적으로 설정해야 한다. 학습자의 지식, 기술, 태도 등을 평가할 수 있는 다양한 기준을 포함하며, 평가 기준은 학습자들에게 사전에 명확히 안내되어야 한다. 이를 통해 학습자들은 평가의 목표와 기대 사항을 분명히 이해할 수 있다.

3) 다양한 평가 방법 활용

평가 방법은 다양하게 구성되어야 한다. 지필 평가, 프로젝트 평가, 실기 평가, 포트폴리오 평가 등 여러 가지 방법을 사용하여 학습자의 다양한 역량을 평가할 수 있다. 특히 융합교육에서는 실제 프로젝트 수행을 평가의 주요 기준으로 삼아야 하며, 팀 프로젝트의 경우 팀원 간의 협력과 개별 기여도를 모두 고려하는 평가 방식을 채택할 수 있다.

4) 피드백 제공

피드백은 학습자들의 성장을 돕는 중요한 요소이다. 평가 결과에 대한 피드백은 구체적이고 건설적으로 제공되어야 하며, 학습자들이 자신의 강점과 약점을 이해하고 개선할 수 있도록 돕는다. 피드백은 즉각적이고 지속적으로 제공되어야 하며, 학습자들의 학습 동기를 높이고 자기주도적인 학습을 촉진하는 역할을 한다.

5) 평가 결과 분석 및 활용

평가 결과는 학습자들의 성과를 분석하는 데 사용되며, 이를 통해 교육과정의 효과성을 평가할 수 있다. 평가 결과를 바탕으로 교육과정을 개선하고, 학습자들의 요구와 수준에 맞춘 맞춤형 교육을 제공할 수 있다. 또한 평가 결과는 학습자 개인의 성장 추적과 성과 기록에도 활용된다.

6) 지속적인 피드백과 교육과정 개선

평가와 피드백은 일회성이 아니라 지속적인 과정이어야 한다. 정기적인 평가와 피드백을 통해 학습자들의 학습 성과를 지속적으로 모니터링하고, 필요에 따라 교육과정을 개선한다. 이를 통해 교육과정은 더욱 효과적이고 학습자 중심으로 발전할 수 있다.

이와 같은 평가와 피드백 과정을 통해 교육과정은 지속적으로 개선되고, 학습자들은 더 나은 학습 경험을 통해 성장할 수 있다. 평가와 피드백은 교육과정 개발의 필수적인 요소로서, 교육의 질을 높이고 학습자들의 성취를 극대화하는 데 중요한 역할을 한다.

제5장

교육과정 설계 주요 요소

교육목적과 목표를 설정하고 그러한 교육목적과 목표 달성에 적합한 교육내용을 선정하였다면 이를 어떻게 조직할 것인가의 문제가 남게 된다. 이 교육과정 설계는 교육과정 구성 요소의 배열인 수평적 조직과 수직적 조직인 두 개의 조직에 따라 이루어진다. Tyler는 학습경험이 효과적으로 조직되어 있는가를 판별하는 기준으로 '계속성(continuity)', '계열성(sequence)' 그리고 '통합성(integration)'을 말하였다(Tyler, 1949, p. 95). 계속성과 계열성이 교육내용의 수직적 조직과 관련된 기준이라면, 통합성은 교육내용의 수평적 조직과 관련된 기준이다. 이하에서는 계속성, 계열성, 통합성에 대한 개념 정의와 이들 수평적 조직과 수직적 조직이 교육과정 설계에서 어떻게 고려되어야 하는지에 대해 소개한다.

1 계속성

계속성(continuity)은 교육과정 구성 요소의 수직적 조직 혹은 반복을 가리킨다(김대현, 김석우, 2005). 즉, 특정 지식이나 학습 영역에서 시간의 경과에 따라 동일한 개념이나 기능을 계속해서 반복적으로 다루어야 한다는 것을 의미한다(소경희, 2017). 계속성의 기본 아이디어는 특정 지식과 학습 영역의 중요한 개념이나 기능은 학생들이 반복적으로 학습할 기회를 가져야 한다는 것이다. Tyler는 읽기 기능이 하나의 중요한 목표가 된다면 이 기능이 연마되고 발달할 수 있도록 순환적이면서도 계속적인 기회가 제공되어야 한다고 지적한 바 있다. 이렇게 되면 학생들은 특정 지식과 학습 영역에서 중요한 개념이나 기능에 대한 학습경험을 반복적으로 가짐으로써 이에 대해 깊이 있게 이해하고 사고하는 것을 배우게 된다.

계속성의 원리에서 유념해야 할 것은 반복해서 조직될 필요가 있는 내용은 반드시 학생들이 습득할 필요가 있는 중요한 개념이나 기능이어야 한다는 것이다. 따라서 교육내용의 조직 원리로서 계속성을 활용하기 위해서는 무엇이 중요한 개념이고 기능인지를 먼저 규명할 필요가 있는데, 이는 Bruner가 주장한 '나선형 교육과정'에서 주요 개념과 아이디어를 찾을 수 있다. Bruner(1960)는 교육내용이 각 학문의 핵심적인 개념이나 아이디어로 조직되어야 하며, 이러한 개념이나 아이디어를 학생들에게 이해시키기 위해서는 학년이 올라감에 따라 이를 반복적으로 제시하되 그 깊이와 폭을 심화하고 확대해 가는 나선형 구조로 조직해야 한다고 주장했다. 이를 그림으로 나타내면 [그림 5-1]과 같다.

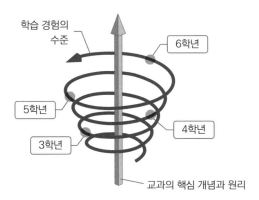

[그림 5-1] 나선형 교육과정과 계속성

　이러한 나선형 조직은 교육과정 설계에 있어서 계속성의 원리를 보여 주고 있다.[1] 우리나라 수학 교육과정에서 결합이나 분배의 개념이, 그리고 사회 교육과정에서 민주주의라는 개념이 여러 학년에 걸쳐 반복적으로 구성되어 있는 방식은 이 계속성의 원리를 따르고 있는 것이라고 할 수 있다. 이를 그림으로 나타내면 [그림 5-2]와 같다.

[그림 5-2] 계속성에 기반한 민주주의 교육과정 내용 조직

---

1) Bruner의 나선형 교육과정은 계속의 원리와 함께 계열의 원리도 보여 준다.

2 계열성

계열성(sequence)은 계속성과 관련이 있지만 계속성 이상의 것이다. 계열성은 학습 내용이나 경험을 조직하는 순서와 관련된다. 즉, 학생들이 학습 내용이나 경험을 접하게 되는 순서로서 몇 년에 걸친 교육과정의 조직을 의미한다.

교육내용의 조직에서 계열에 대한 고려는 학생들의 누적적이고 지속적인 학습을 촉진하기 위한 것이다. 따라서 계열은 내용을 가르치는 순서와 무엇이 다른 학습 내용 뒤에 와야 하는지에 관심이 있다. 계열은 교과 내용의 논리적 구조에 따라 정해지기도 하고 학습자의 흥미나 학습 과정에 비추어 정해지기도 한다(소경희, 2017).

전통적으로 교육내용을 조직할 때 계열을 지키기 위해 사용해 온 원칙은 다음과 같다.

첫째, 단순한 것에서 복잡한 것으로 구성한다.
둘째, 전체로부터 부분으로 발전시킨다.
셋째, 사건의 연대기적 순서로 제시한다.
넷째, 특정 개념이나 아이디어를 계속적으로 제시하되, 나선형적으로 그 내용을 심화·확대해서 제시한다.

이상의 원칙에 대해 자세히 살펴보면, 첫째, 단순한 것에서 복잡한 것으로 구성하는 방법은 쉽고 구체적인 내용을 제시하고 그다음에는 더 어렵고 추상적인 내용을 제시해 주는 방법으로, 복잡한 내용을 하위 부분으로 나눌 수 있는 모든 교과에서 사용할 수 있다.

둘째, 전체로부터 부분으로 발전시키는 방법은 내용이나 경험을 개괄적인 형태로 제시하여 내용의 개요를 먼저 학습하고, 그다음 전체의 작은 부분인 구체적인 정보를 배우도록 계열화하는 것이다. 지리 교과를 예로 들면, 대륙 전체를 가르친 후 각각의 나라와 도시를 세밀히 소개하는 것과 같다.

셋째, 사건의 연대기적 순서에 따라 배열하는 방식은 역사, 정치학, 세계사와 같이 시간적 연관성이 중요한 교과목에서 특히 효과적이다. 교육과정 연구자들은 이 조직 유형을 '세계 중심적'이라고 부르기도 한다.

넷째, 특정 개념이나 아이디어를 계속적으로 제시하되, 나선형적으로 그 내용을 심화 · 확대해서 제시해야 한다는 것은 교육과정의 중요한 기술이나 개념이 계속해서 반복 학습될 수 있도록 조직해야 하지만 그와 더불어 해당 기술이나 개념의 폭과 깊이가 더해질 수 있도록 조직해야 한다는 것을 의미한다. 한혜정과 조덕주(2023)는 이를 한국의 수학 교육과정을 예로 들어 설명하였다. 초등학교의 경우, 수와 연산, 도형, 측정, 확률과 통계, 규칙성과 문제 해결이라는 동일한 영역을 1학년부터 6학년까지 학년이 올라감에 따라 점점 폭을 넓히고 난이도를 높여서 깊이 있게 학습하는데 이러한 내용 체계는 계열성을 고려한 것이라 할 수 있다. 이를 그림으로 나타내면 [그림 5-3]과 같다.

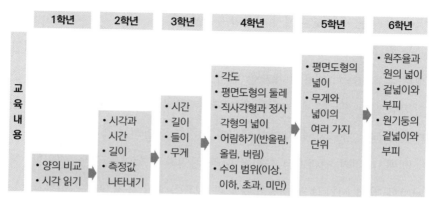

[그림 5-3] 계열성에 기반한 초등학교 수학 내용 체계

출처: 한혜정, 조덕주(2023) 재구성.

3 통합성

통합성(integration)은 교육과정의 내용으로 포함될 수 있는 모든 유형의 지식과 경험을 서로 연결 짓는 것을 의미한다. 통합은 모든 지식 영역 간, 혹은 지식 영역 내의 주제들 간의 수평적인 관계를 강조하는 것으로, 교육 내용의 횡적 조직 원리에 해당한다.

교육내용의 조직 원리로서의 '통합'은 '분과'와 대비되는데, 지식을 분과, 즉 분절화된 형태로 제시하기보다는 서로 관련된 형태로 제시할 때 학생들에게 좀 더 의미 있는 학습이 일어날 수 있다는 것이다. 예컨대, 지리 교과에서 배운 침식작용은 미술 교과의 동양화 금강산도에 표현된 기암괴석을 이해하는 데 적용될 수 있으며, 금강산도를 그린 화가 정선은 역사 교과에서 조선시대 민화를 다루는 내용에서도 등장함으로써 역사를 이해하는 데 미술 교과가 도움을 주기도 한다. 이렇듯 지식 간의 관계는 복합적인 것이어서 개별 학문의 지식으로 절연된 학습을 하는 것보다 다각적으로 이해하고 다양하게 활용할 수 있도록 통합성을 적용하고 이 기능이 교과 공부로서만 끝나는 것이 아니라 학생의 일상생활에서 활용할 수 있는 기능이 되도록 하는 것이다.

한국의 경우 통합교과를 운영한 첫걸음은 1981년 12월 31일에 공포한 제4차 교육과정 시기부터이다. 초등학교 1, 2학년에 배정된 8개 교과, 즉 '도덕', '국어', '사회'를 '바른 생활'로, '산수'와 '자연'을 '슬기로운 생활'로, 그리고 '체육', '음악', '미술'을 '즐거운 생활'이라는 통합교과서로 운영하였다.

우리의 경우 통합 교육과정을 주로 학년 내 교과로 통합하지만 외국의 학자들은 보다 다양한 통합을 시도하고 있다. 예를 들어, Fogarty(1991)의 경우 연결형(connected), 둥지형(nested), 계열형(sequenced), 공유형(shared), 거미줄형(webbed) 등 다양한 방식으로 통합을 구분한다.

교육과정에서 이러한 통합성은 교육과정 이론가나 실천가, 교육자의 관심을 가장 많이 받으면서도 가장 논란의 대상이 되는 개념이다. 어떤 사람도 교육내용이 서로 분리되고 무의미한 방식으로 조직되기를 바라지 않는다. 그렇다고 하여 모든 교과나 학문 간 구분을 무시해도 좋은 것은 아니다. 모든 지식이 통합되는 '총체적 통합'이 이루어지도록 교육내용을 조직하는 것은 현실적으로 불가능하다. 무엇보다 중요한 것은 우리가 교육과정을 개발할 때 자연과학적 지식과 인문학적 지식의 통합, 교과의 지식과 학생의 삶과의 통합 등과 같이 학교에서 가르치는 지식이 학생의 경험 속에서 의미 있게 통합되도록 교육내용을 조직하는 것을 염두에 두어야 한다는 사실이다(한혜정, 조덕주, 2023).

이상과 같이 살펴본 세 가지 기준, 즉 계열성, 연계성, 통합성은 교육내용의 효과적인 조직의 기준이 된다(Tyler, 1949).[2]

4 수평적 조직과 수직적 조직

교육과정 설계는 교육과정의 구성 요소 간 관계를 진술한다. 요소들의 관계는 크게 두 가지 측면, 즉 수평적 조직과 수직적 조직을 고려해야 한다. 수평적 조직은 동일 학년 내 내용의 배열 문제로서 교육내용의 횡적 조직이라고도 하며, 다룰 내용의 범위라든지 내용 간의 통합에 대한 고려가 이에 해당한다.[3] 반면, 수직적 조직은 내용의 학년 간 배열의 문제로서 교육내용의 종적 조직과 관련되며, 내용의 계속성이라든지 내용 간의 계열에 대한 고려가 이에 해당된다. 예컨대, 초등학교 5학년 과학에서의 경험과 6학년 과학에서의 경험 사이의 관계를 생각한다면 이것은 수직적 조직을 염두에 두는 것이다. 6학년 사회에서의 경험과 6학년 도덕에서의 경험 사이의 관계를 생각한다면 이것은 수평적 조직을 고려하는 것이다.

이러한 두 가지 조직의 관계는 학습경험의 누적적인 효과를 가져온다.

---

2) 이 외에도 범위(scope), 연계(articulation), 균형(balance) 등 다양한 차원을 고려해야 하지만 이 책에서는 Tyler(1949)가 강조한 계속성, 계열성, 통합성에 초점을 두고자 한다.

3) 교육내용의 수평적 조직과 관련된 개념으로 통합성 이외에 '범위(scope)'가 있다. 범위는 제4장에서 다루었다. 범위는 어느 한 수준이나 시기의 교육과정이 다루는 폭과 깊이를 가리킨다. 다시 말해 5학년 과학 교육과정의 범위는 해당 학년 동안 다루는 과학의 주제나 내용을 가리키며, 여기에는 모든 주제를 폭넓게 선정할 것인가, 아니면 깊이 있는 몇 가지 중요한 주제를 선정할 것인가의 문제와 관련된다.

6학년 과학에서의 경험이 5학년 과학에서의 경험을 토대로 하여 이루어진다면 과학교육은 학년이 올라감에 따라 개념, 기술 및 태도의 계발에서 폭과 깊이를 더할 수 있을 것이다. 6학년 사회에서의 경험이 6학년 도덕에서의 경험과 적절하게 관련된다면 그 경험은 서로가 서로를 강화할 것이다. 반면에 수직적으로든 수평적으로든 학생에게 제공된 경험이 서로 관련되지 않거나 혹은 상충되는 것이라면 높은 학습 효과를 기대하기는 어려울 것이다.

제2부

융합교육과정의 이해 및 개발

최근 교육 현장에서는 융합이 미래지향적인 학문영역으로 주목받고 있다. 이에 따라 복잡한 현상과 과제를 다루기 위해 융합교육과정을 올바르게 이해하고 개발하는 것이 중요하다. 따라서 제2부에서는 융합교육과정의 개념과 특징, 개발 전략, 개발 사례, 개발자의 역할과 책임 등을 다루어, 융합교육과정을 이해하고 실제로 개발하는 데 도움을 주고자 한다.

제6장

융합교육과정의 이해

융합교육을 펼치는 목적은 융합인재를 양성하기 위함이라 할 수 있다. 도요타는 융합인재를 한 분야를 잘 알면서 관련 분야까지 폭넓은 지식을 갖춘 T자형 인재로 정의하고, 삼성종합기술원에서는 융합인재를 π자형으로 표현하면서 두 분야 이상의 전문지식을 확보하고, 상호 연결하는 역량을 겸비한 인재로 정의하였다. 이에 반해 안철수는 융합인재를 A자형으로 표현하면서 한 분야의 전문지식뿐만 아니라 다른 분야에 대한 상식과 포용력이 있는 각 개인이 서로 가교를 이루어 하나의 팀으로 협력하는 인재라고 정의하기도 하였다(허영주, 2013).

사전적 정의에 따르면 융합(convergence)이란 '다른 종류의 것이 녹아서 서로 구별이 없게 하나로 합하여지거나 그렇게 만듦. 또는 그런 일'을 의미한다. 하지만 교육 분야에 있어 '융합'이라는 용어의 개념은 연구자에 따라 상이하게 사용되며 융합 외에도 통합(integration), 통섭(consilience)[1] 등 비슷한 용어가 다양하게 사용되고 있다. 따라서 이하에서는 융합교육과

---

1) 생물학자인 윌슨(E. O. Wilson)은 자신의 저서 『Consilience: The Unity of Knowledge』에서 'Consilience', 즉 '통섭'을 학문의 장벽을 넘나들어 두루 섭렵한다는 의미로 사용하였다.

정 개발 원리에 대한 소개에 앞서 융합교육과정의 전개 과정과 개념을 먼저 살펴봄으로써 융합교육과정의 이해의 폭을 넓히는 데 도움을 주고자 한다.

1 융합교육과정의 전개

오늘날 주목받고 있는 융합교육은 사실 새로운 것이 아니다. 고대 그리스 시대부터 철학을 중심으로 수학, 음악, 천문학 등 다양한 영역이 통합된 학문과 교육이 이루어져 왔다.

하지만 융합교육 계보의 시작은 1950년대 미국의 진보주의 생활교육을 그 원류로 볼 수 있다. 사실상 이 시대에도 융합교육이라는 용어가 등장하기 이전이었지만, 교육과정 통합의 움직임으로 시작되었다고 볼 수 있다. 1957년 러시아가 미국보다 먼저 최초의 인공위성 스푸트니크 1호를 발사한 사건을 계기로 미국의 진보주의 생활교육은 깊이 있는 지식 탐구를 저해한다고 하여, 기술공학 및 엄격한 학문의 구조를 강조하는 지식중심교육 흐름으로 인해 한동안 자취를 감추게 된다. 그리하여 1970년대 미국에서 통합에 대한 논의는 잦아들었다.

교육과정 이론가들이 통합의 아이디어 및 그것이 교육과정 조직에 주는 함의에 다시 관심을 갖기 시작한 것은 1980년대 후반 즈음이었다. 1980년대 과학 중심의 교과 통합 접근인 STS 교육, 그 이후의 이공계 교과 중심의 통합 접근인 STEM 교육, 그리고 여기에 예술(혹은 인문학)이 추가된 STEAM 교육 등으로 이어지는 것으로 보는 견해가 있다(강갑원, 2015; 차윤

경 외, 2016).[2]

이 시기에 등장한 두 개의 출판물도 미국 전 지역의 교육과정 분야에서 통합이라는 용어를 일반적으로 사용할 수 있게 하는 데 중요한 역할을 했다. 먼저, 1989년 제이콥스(H. Jacobs)가 편집한 저서인『간학문적 교육과정: 설계와 실행(Interdisciplinary curriculum: Design and implementation)』과, 1991년에 슈메이커(B. Shoemaker)가 발표한 글인〈교육 2000: 통합교육과정(Education 2000: Integrated curriculum)〉은 교육과정 분야가 통합이라는 용어에 다시 주목할 수 있는 계기를 제공했다(소경희, 2017).

이 통합이라는 용어가 공식적으로 우리나라 교육계에 등장한 것은 제4차 교육과정(1981~1987)에서였다. 국가 교육과정 편제에 통합교과가 공식적으로 등장하지는 않았지만, 초등학교 1~2학년 수준에서는 몇 가지 종류의 '통합교과서'가 개발·사용되었다. 즉, '도덕', '국어', '사회'는 '바른 생활', '산수'와 '자연'은 '슬기로운 생활', 그리고 '체육', '음악', '미술'은 '즐거운 생활'이라는 교과서를 통해 운영되었다.

5차 교육과정(1987~1992) 문서에서는 공식적으로 통합교육과정이라는 명칭과 함께 초등 1~2학년의 통합교육과정이 개발되었으며, 이에 따른 통합교과서도 개발되어 본격적으로 초등학교 저학년에서 사용되기 시작했다. 이후 통합이라는 용어는 교육과정은 물론 교수-학습 상황에서도 활발하게 적용되는 중요한 개념이 되어 왔다.[3]

---

2) STEAM은 과학(Science), 기술(Technology), 공학(Engineering), 예술(Art), 수학(Mathematics) 교과 간의 통합을 말하며, 이들 철자의 머리글자들로 이루어진 용어이다.

3) 문재인 정부에서는 '융·복합 창의인재의 양성'을 교육의 기본 방향으로 설정하면서 통합이라는 용어 대신 융합, 복합, 그리고 이 두 용어의 합성어인 융복합이라는 용어를 만들고 이를 널리 사용하였다.

우리나라에서 융합형 인재 양성을 위한 공식적인 움직임은 2009년 12월 23일에 고시된 2009 개정 교육과정에서 비롯되었다고 볼 수 있다. 2009 개정 교육과정이 추구하는 방향은 전인적 성장을 위한 '창의 인재'를 양성하는 교육으로의 변화를 추구하는 데에 있었다. 따라서 창의적 체험활동을 도입하여 기존의 특별활동과 창의적 재량활동을 통합하고, 교과 외 활동을 본래의 취지를 살려 체험 중심으로 운영하고자 노력하였다. 2009 개정 교육과정은 초 1, 2학년, 중 1학년, 고 1학년을 대상으로 2011년에 연도별 적용을 시작하였다.

2011년에 교육과학기술부는 미국의 STEAM 교육을 '융합인재교육'이라고 명명하며 본격적으로 우리나라에 실시하였다(교육과학기술부, 2011, p. 14). 이듬해인 2012년에는 미국 STEM 교육 전문기관인 스미소니언을 초청하여 '2012년 대한민국과학창의축전 STEAM 페어'를 개최하기도 하였다.[4]

이후 발표된 2015 개정 교육과정에서도 우리 교육이 추구해야 할 인간상으로 '창의융합형 인재상'을 제시하였다. 교육부는 창의융합형 인재의 의미를 "인문학적 상상력, 과학기술 창조력을 갖추고 바른 인성을 겸비하여 새로운 지식을 창조하고 다양한 지식을 융합하여 새로운 가치를 창출할 수 있는 사람"(교육부, 2015, p. 3)이라고 밝혔다. 따라서 2015 개정 교육과정에서는 문과와 이과라는 과정 구분에 따른 고등학생들의 지식 편중을 막고 균형 있는 지식 습득을 보장하기 위해 국어, 수학, 영어, 사회, 과

---

[4] 이 행사에서는 STEAM 리더스쿨, 교사연구회, STEAM 프로그램 개발 연구진 등 총 64개 팀이 마련한 체험부스를 통해 융합인재교육(STEAM)을 위해 개발된 프로그램을 선보였다(교육과학기술부 보도자료, 2012. 8. 10.).

학 교과에서 반드시 배워야 할 내용으로 구성된 '공통 과목'을 개발하고 그 것을 모든 학생이 이수하도록 하였고, 사회 교과와 과학 교과의 공통 과목 으로 각각 '통합사회'와 '통합과학'을 개발하여 모든 학생이 이수하도록 하 였다.

　이상과 같은 전개는 단위학교를 중심으로 전개되어 온 융합교육의 흐름 이라고 볼 수 있다.

　오늘날 융합은 복잡한 현상과 과제를 다루기 때문에 미래지향적인 학문 영역으로 주목받으며, 특히 대학에서 인식 전환 요구의 대안으로 주목받 고 있다.

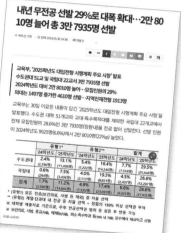

　대학에서 시도되는 융합교육은 정부의 요구에 부응하는 방향으로 나아 가고 있다고 해도 과언이 아니다. 정부는 무전공 전형을 도입하지 않을 경 우, 2022년부터 2024년까지 시행되는 대학혁신지원사업 3차년도 인센티

브를 지급하지 않겠다고 밝혔다(교육부, 2022). 무전공 제도는 유형 1과 유형 2로 구분하여 전체 정원의 총 25%까지 무전공 전형을 확대하도록 유도하고 있다.

유형 1에서는 전공을 정하지 않고 학생을 모집한 후, 대학 내 모든 전공을 자율적으로 선택할 수 있도록 하고, 반면 유형 2는 인문계열 또는 자연계열, 혹은 단과대학별로 모집한 후, 해당 계열이나 단과대학 내에서 모든 전공을 자율적으로 선택하거나 학과별 정원의 150% 이상 범위 내에서 전공을 선택할 수 있도록 하고 있다.

이와 같은 무전공 입학과 전공 자율 선택을 통해 융합교육을 펼치고자 하는 의도이며, 이를 위해서는 학사 유연화도 필요로 한다.

대학 재정지원사업 성과 평가지표 '교육혁신의 성과 평가'에서 총 100점 중 65점이 '교육혁신 성과의 우수성'으로 책정되며, 여기에는 유연한 학사 운영을 통한 학생의 전공 선택권 확대와 모집단계의 혁신성을 평가하는 항목이 포함되어 있어, 정부의 재정지원사업에 사활을 걸고 있는 대학의 입장에서는 정부의 융합교육 활성화 요구에 적극 동참할 수밖에 없는 구조이다.

또한 교육부는 대학 재정지원 사업 개편 방향을 2025년부터 '라이즈(RISE) 사업'[5]으로 통합하며, 혁신적 변화를 추진하는 글로컬 대학 선정 및 육성을 위해 2023년에 10개 대학을 선정했고, 이를 필두로 2026년까지 비수도권 대학 30곳을 추가로 선정해 지원할 계획을 밝혔다. 교육부는 이러한 담대한 혁신을 위해 대학 현장에서의 교수-학습 혁신이 선행되어야 한

---

5) 라이즈(RISE)는 Regional Innovation System & Education의 앞글자를 딴 이름으로, '지역 혁신 중심 대학 지원 사업'을 뜻한다.

다고 강조하였는데, 여기서 '담대한 혁신 방향'의 예시[6]로 든 것 가운데 하나가 바로 '대학 간 통합 및 학문 간 융합'이다.

이상과 같이, 오늘날 대학 현장에서는 정부의 교육혁신 의지와 함께 융합교육의 활발한 적용과 이를 통한 융합인재 양성을 위해 그 어느 때보다도 급진적이고, 대담한 시도를 펼치고 있다.

2 융합교육과정의 개념과 특징

1) 초기 융합교육의 개념

(1) 융합교육 개념과 관련된 용어의 비교

융합교육 혹은 융합교육과정을 소개할 때 많은 연구자들은 '학제 간', '복합', '통섭', '융합', '통합'이란 용어를 사용하여 융합교육을 설명한다. 하지만 이들 개념 간에는 유사 개념과 차이가 공존하고 있다. 예를 들어, '복합'은 '두 가지 이상이 하나로 합쳐짐'으로 정의된다. '두 가지 이상의 합'이라는 큰 맥락에는 이들 유사 용어 간 차이가 없어 보이지만 단순한 합이냐, 이들 간의 합을 통해 완전히 새로운 또 다른 무언가를 창출해 내느냐 등 통합, 학제 간, 통섭 등의 유사 개념과 융합 간에는 분명한 차이가 있다 (김태형, 2015; 박현주 외, 2012; 심광현, 2009).

---

6) '교육과정 및 연구개발 전면 개편', '대규모 구조개혁 및 정원 조정', '평가 방식 개선 등 과감한 교원인사 개혁', '대학 거버넌스의 획기적 개선', '지역 산업 및 문화 파트너십 형성', '대학 간 통합 및 학문 간 융합'을 대학의 담대한 혁신 방향의 예로 들었다.

'학제 간', '복합', '통섭', '융합', '통합'이 교육과정에서 서로 다른 분야나 지식을 결합하는 다양한 방식과 그 정도를 나타내는 용어로 어떠한 차이를 가지고 있는지 [그림 6-1]을 통해 설명해 보겠다.

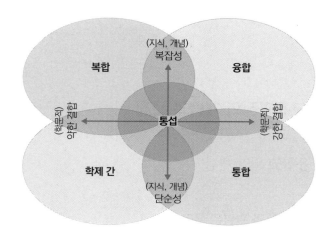

[그림 6-1] 융합교육의 십자형 경로

'학제 간(Interdisciplinary)'은 이들 유사 용어 중 가장 단순하게, 즉 약한 결합을 이룬 상태를 말하는데, 각 학문이 독립적인 상태를 유지하면서 약한 학문적 결합의 형태를 유지한다. 따라서 학문 간의 경계가 비교적 명확하게 남아 있으며, 여러 분야의 지식이 협력적으로 사용되지만, 각 분야의 독립성을 유지하는 교육과정을 의미할 때 사용한다.

'복합(Multidisciplinary)'은 두 가지 이상의 학문 분야가 함께 존재하거나 결합하는 상태를 의미하지만, 각 학문은 독립적으로 유지된다. 물론 다른 학문과의 상호작용이 있지만 각 학문 분야가 각각의 독립성을 가지면서 함께 문제를 다루거나 협력한다. 따라서 새로운 지식이 창출되기보다는 다양한 학문적 시각이 병렬적으로 제시되는 교육과정을 의미할 때 사용된다.

'통섭(Consilience)'은 여러 학문 분야의 지식이 통합되어 새로운 통합적 이론이나 개념을 형성하는 것을 의미한다. 통섭은 기존의 학문적 경계를 넘어서서, 모든 학문이 하나로 통합된 상태를 지향하며, 과학적, 인문학적, 예술적 지식이 모두 융합되어 종합적인 이해를 추구하는 교육과정을 설명할 때 사용한다.

'융합(Convergence)'은 서로 다른 학문이나 전공을 완전히 결합하여 새로운 지식이나 현상을 창출하는 것을 의미한다. 다시 말해 단순한 합이 아닌, 두 개 이상의 학문이 하나의 새로운 학문적 영역이나 지식을 형성하도록 결합되는 것을 의미한다. 이 과정에서 각 학문의 경계가 사라지고, 완전히 새로운 지식 지식 체계가 만들어진다.

'통합(Integration)'은 각 학문이 독자적인 영역을 유지하면서도, 이들 사이의 연결을 통해 보다 체계적인 지식의 틀을 형성한다. 통합은 보통 학문적 경계를 유지하면서도 이들의 상호작용을 통해 새로운 지식을 조직화한다.[7]

이상과 같이 이들 개념은 모두 학문 간의 결합을 다루고 있지만, 결합의 정도와 방법에 따라 각기 다른 특징을 지니고 있음을 살펴보았다.

(2) 국내 융합교육 도입과 초기 개념

앞서 융합교육의 계보를 설명한 바와 같이, 우리나라에 융합교육이 본

---

7) 추가로 '복합'과 '통합'을 비교하여 설명하면, 복합에서는 학문 간의 경계가 명확히 유지되지만, 통합에서는 이 경계가 일부 사라지거나 연계되면서 새로운 지식 체계가 만들어져, 둘 중 학문 간 결합이 약한 것은 복합이라 할 수 있다.

격적으로 도입된 시기는 2011년이라고 볼 수 있다. 이 시기에 소개된 융합
교육의 개념을 살펴보면, 먼저 교육과학기술부의 보도자료에서 융합인재
교육의 추진 배경 및 목적을 확인할 수 있다.

보도자료 2012. 8. 10.(금)	교육과학기술부 MINISTRY OF EDUCATION, SCIENCE AND TECHNOLOGY 한국과학창의재단 Korea Foundation for Science and Creativity
	교육과학기술부 홍보담당관실 ☎ 02-2100-**** 한국과학창의재단 홍보미디어팀 ☎ 02-559-****

융합인재교육(STEAM)의 모든 것을 체험할 수 있는
2012년 대한민국과학창의축전 'STEAM 페어' 개최
- 미래형 과학 교실과 연계한 STEAM 수업 운영 및 스미소니언과 함께하는 STEAM 교육 연수 연계 추진 -

··· (상략) ···

☐ 추진배경 및 목적

○ 미래사회를 대비하기 위한 창의적 인재양성

- 과학기술 지식뿐만 아니라 **융합적 사고와 예술적 감성**까지 갖춘 **"창의적 인
재"를 양성할 수 있는 교육 프로그램 필요**

○ 기존 이론 중심의 수학·과학교육에 기술, 공학, 예술 등을 접목시켜 주
입식, 암기식 교육에서 **체험·탐구 중심으로 전환**함으로써,

- 과학기술에 대한 학생들의 흥미와 이해를 높이고 과학기술 기반의 융
합적 사고(STEAM Literacy)와 실생활 문제 해결력을 배양

··· (하략) ···

교육과학기술부는 융합교육이 미래사회를 대비하기 위한 교육이고, 이
를 위한 프로그램으로 기존의 주입식, 암기식 교육이 아닌 이론을 중심으
로 하되 체험·탐구 중심으로의 전환을 강조하였다. 또한 과학기술 기반

의 융합적 사고와 실생활의 문제를 해결할 수 있는 능력을 길러 주는 것이 융합교육을 하는 목적이라고 소개하였다.

한국과학창의재단은 '융합인재교육'을 다음과 같이 소개하였다.

> 융합교육(STEAM)의 개념은 "과학기술에 대한 흥미와 이해를 높이고, 과학기술 기반의 융합적 사고력과 문제해결력을 함양하는 교육"이다. 여기서 과학·기술 분야란, 과학, 기술, 공학, 수학, 정보 등으로 폭넓게 이야기할 수 있다.
>
> 출처: 한국과학창의재단(https://steam.kofac.re.kr/cms/content/view/213).

연구자들은 융합교육을 대학의 인식 전환이 요구되는 미래 지향적인 학문영역으로 정의하기도 하였다.

> "융합교육"이란 하나의 전공 분야 혹은 여러 전공 분야들의 단순한 집합으로는 풀 수 없는 새롭고, 복잡한 현상과 과제를 다루기 때문에 대학의 인식 전환이 요구되는 미래 지향적인 학문영역으로 정의된다. 보편적으로 융합교육이란 기존의 전공 지식만이 아닌 두 개 이상의 전공을 융합하여 현시대에 더욱 실제 사회와 밀접한 관계가 있도록 하는 응용된 교육이라고 일컬어져 왔다(김혜영, 2013, p. 28).

또한 많은 연구자들은 융합교육을 설명할 때 앞서 다룬 용어들 중 특히 통합과 비교하여 설명한다.

박휴용(2018)은 그 자체로서 의미를 갖기 어려운 단편적인 지식, 정보, 사실들을 수집하고 정리하여 일관성 있게 지식을 체계화하는 과정을 지식의 통합이라고 하였다. 반면에 지식의 융합이란 통합보다 각 교과 지식이 독자적인 학문영역이나 지식의 특징을 가지고 있지 않으며 기본적으로 지식을 학문영역별로 분리하여 다루지 않는다는 것을 전제로 한다. 마찬가지로 교육과정 통합이 지식이나 학문영역을 우선으로 한 다음 그것의 통합을 진행한다면 융합교육과정의 경우 두 개 혹은 그 이상의 교과들이 학습 목표나 표준을 이음새 없이 융합함으로써 교과 내용 간의 충분한 결속이 이루어지게 하는 것을 의미한다.

김성숙(2011)도 통합교육과정과 융합교육과정을 비교하면서 통합교육과정이 기여적, 합산적인 소극적 통합(약한 통합)인 반면, 융합교육과정은 두 교과가 밀착되어 결합, 재조직되는 적극적 통합(강한 통합)이라고 하였다. 또한 통합교육은 조직 요소의 배열에 초점이 맞추어져 있어 환원적인 관계이나, 융합교육은 하나로 녹아 뒤섞인 상태로 존재하기 때문에 비환원적이라고 하였다.

따라서 이 같은 논의에 따르면 통합은 각 구성 요소의 구분이 전제된 후 이들을 합하는 것이라면 융합은 이러한 구분 자체가 사라지고 하나로 합해진 상태를 의미하는 것으로 볼 수 있다.

미국의 NSTC(2022)가 발표한 보고서[8]에서도 이 통합의 개념을 적용해 융합교육을 다루었다. 즉, 학문적인 STEM 기반과 통합적 접근 없이는 STEM에서 융합교육으로 가는 길은 불가능하다고 하였으며, [그림 6-2]와 같이 아이스크림을 이용한 통합 수준의 증가를 통해 융합교육에 대한 추가적인 비유와 예시를 제공하였다.

---

8) NSTC(2022). CONVERGENCE EDUCATION: A guide to transdisciplinary STEM learning and teaching. THE WHITE HOUSE.

[그림 6-2] 아이스크림을 이용한 융합교육의 통합수준 비교

- 학문적인(Disciplinary) 통합은 각각 하나의 맛만을 포함하고 있는 개별 콘으로 표현되며, 서로 겹치지 않는다.

- 다학문적인(Multidisciplinary) 통합은 여러 가지 맛을 포함하고 있는 하나의 콘으로 표현된다. 여러 가지 맛이 있지만, 서로 분리되어 있다.

- 간학문적인(Interdisciplinary) 통합은 여러 가지 맛이 결합되지만 여전히 인식할 수 있는 아이스크림 선디(sundae)[9]로 표현된다.

- 초학문적인(Transdisciplinary) 통합은 아이스크림을 블렌딩하여 새로운 것을 만들어 내고, 그 시작 요소들을 더 이상 분리할 수 없는 밀크셰이

---

9) 아이스크림 위에 각종 토핑을 얹어 낸 아이스크림 디저트이다. '선데이(sunday)에서 유래하였다고 추정되는 선디에 쓰이는 토핑으로는 각종 소스나 시럽, 스프링클, 휘핑크림, 마시멜로, 바나나, 체리 등의 과일이 있으며 그 조합에 따라 다양한 형태로 즐길 수 있다.

크로 표현된다.

오늘날 사회적 상황 및 요구의 변화와 맞물려 융합교육은 더욱 활발히 개발·운영되고 있고, 이를 실제로 운영하기 위한 제도적 장치도 적극적으로 추진되고 있다.

다음으로 미국 STEM 교육위원회(CoSTEM)[10]는 융합교육을 다음과 같이 정의하였다.

> 융합교육은 특히 사회적 필요에 초점을 맞춘 복잡한 연구 문제를 해결하는 수단이다. 이는 다양한 학문 분야의 지식, 방법, 전문지식을 통합하고, 과학적 발견과 혁신을 촉진하기 위해 새로운 틀을 형성하는 것을 포함한다. 융합연구는 학문 간 경계를 넘나드는 초학문적, 학제 간, 다학문적 연구와 관련이 있다. 이는 역사적으로 학문 간 진화적 통합의 정점으로 여겨졌던 초학문적 연구와 가장 가까운 형태이다.

융합교육 대신 '융복합교육'이란 용어를 사용하는 경우도 있다. 김시정, 이삼형(2012)은 '두 가지 이상의 교과나 지식 체계 등이 만나 전혀 새로운 제3의 지식 체계나 교과를 형성하는 것'을 융합교육, '교과나 지식 체계 결합을 통해 하나의 교과로 마련되나, 본래 결합의 대상이 되었던 것들이 그 본래적 성격을 유지하는 것'을 복합교육이라고 하였다. 따라서 융복합교육이란 '궁극적으로 학습자의 융복합적 사고능력을 교육하기 위하여 교과

---

10) 미국 STEM 교육 위원회(CoSTEM)는 2010년 미국 「재허가법」 101조(42 U.S.C. §6621)의 요구사항에 따라 설립되었다. 이 법에 따라 위원회는 미국 전체의 STEM 프로그램의 활동을 관리하고 예산국과 예산을 조정하기도 한다. 전략계획은 5년마다 업데이트하여 발표한다.

와 교과, 또는 서로 상이한 배경의 학문이 융합에서 복합에 이르는 다양한 방식으로 결합되어 마련된 교육'을 의미한다.

　이상과 같이 살펴본 결과, 융합교육이 국내에 소개되기 시작한 2010년 초반 무렵은 'STEAM'과 '과학기술의 기반'이 융합교육을 설명하는 데 있어 필수적인 개념 조건이었음을 확인할 수 있다.

2) 오늘날 확장된 융합교육의 개념

　오늘날 교육 현장에서 제시되는 융합교육은 초기에 소개된 융합교육의 개념에서 보다 확장된 의미를 담고 있다.

　먼저, 교육부가 한국과학창의재단에 위탁하여 운영되고 있는 미래형 융합교육 선도학교의 운영매뉴얼(2022)에 소개된 미래형 융합교육의 정의를 살펴보자.

> 　미래형 융합교육은 '2개 이상의 학문 분야나 교과(목)의 지식, 개념 등을 연계하여, 미래사회 구성원으로서 접하게 되는 실생활 문제에 대한 해결 방법을 제시할 수 있도록 융합역량을 함양하는 교육'이다.
>
> 출처: 한국과학창의재단(2022).

　즉, 일상에 영향을 미치는 문제에서 미래사회의 복잡한 문제에 이르기까지 실제 세계의 문제를 도출하여 2개 이상의 학문 분야나 교과 지식, 개념 등을 연계한 문제해결 방법 및 과정을 습득하는 것을 말한다.

　기존의 STEAM 융합교육과 미래형 융합교육을 비교하여 교육분야, 교육공간, 교육방법 측면에서 미래형 융합교육이 어떻게 개념 확장을 하였는지 〈표 6-1〉과 같이 비교하였다.

〈표 6-1〉 STEAM 교육과 미래형 융합교육의 차이

구분	STEAM 교육	미래형 융합교육
교육분야 및 특징	- 과학 교과 기반의 수학, 정보, 인문·예술을 접목한 교과 간 물리적 결합	- 과학·수학을 포함한 전 교과를 융합 대상으로 확장하는 화학적 융합 - 미래사회를 살아가기 위해 필요한 역량을 강화하기 위한 범교과 대상 주제 범위 확장
교육방법	- 교사 주도의 문제 제시로 유사한 결과를 도출하기보다는 학생이 문제 해결자로서 자기주도적 역할 필요	- 맥락적, 현상적 이해 기반 성과 산출을 위한 프로젝트 기반 학습(문제 기반 학습)과 과정중심평가 강화
교육공간	- 학교 내외 교실 활용	- 미래사회 다양한 삶의 환경에 적응할 수 있는 역량을 강화하기 위한 온-오프라인 공간의 차원적 확장
성과	- 최종 산출물뿐만 아니라 융합학습을 통해 얻을 수 있는 자기주도적 탐구의 경험 강조 필요	- 개인별 다양한 창의적 결과물·주도적 경험

첫째, 다양한 주제 선택! 과학 교과에만 기반을 두지 않고 전 교과를 융합 대상으로 주제의 범위 확장. 미래형 융합교육은 다양한 주제를 선택할 수 있으며, 이를 통해 보다 많은 교과에서 참여할 수 있도록 주제의 범위를 확장하였다는 점에서 기존의 융합교육(STEAM)과 차이가 있다. 즉, 과거 STEAM 교육은 '과학기술에 대한 학생의 흥미와 이해를 높이고 과학기술 기반의 융합적 사고력과 실생활 문제 해결력을 배양하는 교육'이며, 어떤 교과라도 중심 교과가 될 수 있으나, 반드시 과학 교과가 포함되어야 하는 것을 조건으로 하였다. 하지만 미래형 융합교육에서는 교과나 주제에 제한이 없

도록 하였으며, 범교과 대상으로 실생활 관련 내용에서부터 사회적 문제에 관한 내용 등 수업에서 다룰 수 있는 주제에도 한정을 두지 않고 있다. STEAM 교육과 마찬가지로 어떤 교과라도 중심 교과가 될 수 있고, 주제에 따라 자유롭게 교과 참여가 가능하도록 설계하였으나 필수 참여 교과의 조건은 없다.

둘째, **미래형 융합교육은 기존의 교실 공간 혹은 교실 밖의 공간을 활용하는 것에서, 교육공간의 개념을 온-오프라인을 넘나들 수 있도록 개념을 확장하여 도입.** 첨단기술 및 도구 적용 수업이 가능한 에듀테크 환경이 조성되고 이를 충분히 활용할 수 있도록 권장한다. 또한 교내외 및 지역 인프라를 활용하여 온-오프라인 프로그램을 경험할 수 있도록 하여, 미래 사회의 다양한 삶의 환경에 적응할 수 있도록 역량을 강화할 수 있는 교육을 지향한다.

셋째, **미래형 융합교육은 '설계'가 아닌 문제 '해결'에 중심을 둔 성과 산출을 위해 프로젝트 기반 학습(문제기반학습)과 과정중심평가의 비중을 확대하여 운영.** 기존의 STEAM 교육에서는 상황제시, 창의적 설계, 감성적 체험이라는 학습 준거틀 사용을 권장하여 학생들이 문제를 해결하기 위해 창의적으로 '설계'를 하는 것에 목적을 두었다. 하지만 미래형 융합교육은 학습자가 어떤 교과의 학습 요소의 원리를 이해하고, 이를 융합하여 활용하고자 하는지에 중점을 둔다. 이를 통해 문제를 '해결'하기 위한 '과정'에 교사가 개입하는 교육방법으로서 학습자가 스스로 융합할 수 있는 역량을 갖출 수 있도록 하는 데 중점을 둔다.

다음으로, 고등교육현장인 대학에서의 융합교육 개념은 어떻게 확장되었는지 살펴보자.

먼저, 융합교육을 활발히 펼치고 있는 주요 대학들이 정의한 융합교육의 개념이다.

> "융합교육은 전통적 학문과의 경계를 넘나드는 '융합적, 창의적 사고를 함양'하는 것을 목적으로 한다."
>
> -서강대학교 융합교육포럼 홈페이지(https://sgce.sogang.ac)-'융합교육이란'

> "융합교육과정이란 창의적 융복합 인재양성을 위해 변화하는 사회 및 수요자의 요구에 대응할 수 있는 다양한 형태의 교육과정으로 구성되는 융복합교육과정을 말한다."
>
> - 호서대학교 융합학부 홈페이지(http://www.hoseo.ac.kr)

> 융합전공의 개념은 '학제와 학제 간 통합'과 '융합역량을 함양하는 교육'으로 분류되는데, 후자로 보는 관점이 중요하다. 융합교육 실천방법에서도 여러 학문 분야를 종합한 통합적인 '내용지식(subject knowledge)'을 전수하는 교육보다는 학생들이 새로운 지식을 만들어 내는 역량인 '과정지식(process knowledge)'을 갖도록 하는 교육을 해야 한다.
>
> - 대교협 2022 고등교육현안 정책자문 자료집

> 대학에서의 융합교육은 주로 교육내용 중심으로 그 내용들을 어떻게 융합할 것인가 하는 문제에 초점이 맞추어져 있다. 그렇지만 대학에서의 융합교육은 반드시 가르치는 교육내용 중심으로만 진행될 수 있는 것은 아니며, 특정 문제나 주제를 중심으로 한 융합 활동이나 학생 스스로의 경험을 통한 내부적 융합에 초점을 맞추어 이루어질 수도 있다(임정훈, 진성희, 2017; 허영주, 2013; Ingram, 1979).

　대학에서 말하는 융합교육은 단순히 학문적 지식의 통합을 넘어, 학생들의 창의성과 문제 해결 능력을 기르는 데 중점을 두고 있음을 보여 준다.

　이 외에도 융합교육을 융합을 본위로 하는 기존의 교육과 달리 교육을 본위로 하는 경우로 나누어 융합교육의 실천 방향을 확장하여 제시한 연구자(최성욱, 2016)도 있다. 즉, 융합을 본위로 하는 융합교육의 경우는 학문이나 기술의 최정상에 도달하는 것을 목표로 삼는 수단이 되지만 교육을 본위로 하는 융합교육에서는 만족이나 보람과 같은 내재적 가치가 중시되며 이를 통해 교육의 내재적 가치를 실현할 수 있다고 하는 새로운 관점을 제시하였다.

　이상과 같이 융합교육의 개념을 살펴본 결과, 국내 초기 융합교육이 미국의 STEAM 교육을 기반으로 초·중등학교에서 활발히 추진되었다면, 오늘날에는 고등교육 현장인 대학에서도 제4차 산업혁명 시대를 이끌 유연하고 창의적인 인재 양성을 위한 대안적 교육으로 주목받고 있는 것을 알 수 있다. 또한 초기의 융합교육이 과학기술을 중심으로 과학과 다른 분야의 융합에 중점을 두었다면, 최근의 융합교육 개념은 전통적 학문 간의 경계를 넘나드는 더 넓은 범위의 융합을 강조하며, 학문과 학문 간의 융합으로 확장되고 있음을 확인하였다. 이러한 변화는 융합교육이 다양한 학문 분야를 통합하여 더욱 창의적이고 실질적인 문제 해결 능력을 배양하는 방향으로 발전하고 있음을 보여 준다.

　이처럼 초기 융합교육과 최근의 융합교육 개념에는 분명한 차이가 있으며, 이를 목표와 접근 방식, 학문적 범위, 교육 방법, 교육 공간, 평가와 성과의 관점에서 좀 더 명확히 비교해 보도록 하겠다.

3) 초기 융합교육 개념과 오늘날 확장된 융합교육 개념 비교

▣ 목표와 접근 방식

초기 융합교육이 주로 과학기술 기반의 융합적 사고와 문제 해결 능력 함양에 초점을 맞췄으며, 체험과 탐구 중심의 교육을 강조하였다면, 확장된 융합교육은 보다 포괄적인 접근을 취하며, 두 개 이상의 학문 분야를 연계하여 실생활 문제를 해결하고 미래 사회에 필요한 역량을 함양하는 데 중점을 둔다.

▣ 학문적 범위

초기 융합교육이 주로 과학, 기술, 공학, 수학 분야에 집중되었다면, 확장된 융합교육은 모든 교과와 주제를 포함하며, 과학기술뿐만 아니라 인문, 예술 등 다양한 분야와의 통합을 강조한다.

▣ 교육방법

초기 융합교육이 주입식, 암기식 교육에서 벗어나 체험과 탐구 중심 교육으로의 전환을 목표로 하였다면, 확장된 융합교육은 학생이 문제 해결자로서 자기주도적 역할을 수행하도록 하며, 프로젝트 기반 학습과 과정 중심 평가를 통해 실질적인 문제 해결 능력을 키운다.

▣ 교육 공간

초기 융합교육이 주로 학교 내외의 교실을 중심으로 이루어졌다면, 확장된 융합교육은 온-오프라인을 넘나드는 교육 공간을 활용하여, 다양한 환경에서의 학습 경험을 제공한다.

▣ 평가와 성과

초기 융합교육이 주로 학습 과정 중간에 피드백을 제공하고 최종 산출물을 평가하는 방식이었다면, 확장된 융합교육은 학습자의 자기주도적 탐구 경험과 창의적 결과물 도출을 강조하며, 과정 중심 평가를 통해 학습 성과를 지속적으로 모니터링하고 개선한다.

결론적으로, 확장된 융합교육은 초기 개념에서 한층 발전하여 보다 포괄적이고 실질적인 접근을 포함하며, 다양한 학문 분야와 교육 공간을 활용하여 학생들의 문제 해결 능력과 자기주도적 학습 역량을 강화하는 데 중점을 둔다.

4) 대학에서의 융합교육 확장

최근 한국의 대학들은 융합전공 기회를 확대하고 있으며, 이를 통해 학생들이 다양한 학문 분야를 탐구할 수 있도록 지원하고 있다. 방법으로는 여러 대학에서 소단위 전공, 무전공 등 새로운 제도를 도입하여 학습 부담을 줄이고 다양한 전공, 특히 융합전공을 자유롭게 선택할 수 있는 기회를 제공하고 있다. 이러한 적극적인 시도에는 정부의 교육혁신 의지와 방향 제시가 중요한 역할을 하였다.

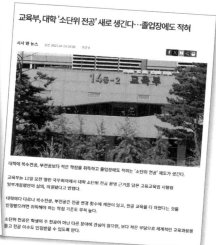

■ 소단위 전공

소단위 전공(Micro-major)에 대한 정의는 다음과 같다.

> • 소단위 전공이란 ① 적은 학점(9~12학점 정도)으로 세부(심화) 과정을 이수
> 하여 학습 부담은 줄이면서, ② 연계·융합된 새로운 분야를 공부할 수 있
> 는 제도이다.
> • 소단위 학위과정은 대학 현장, 학술 논문 등에서 마이크로·나노디그리
> 등으로 불린다.

국내 대학들이 소단위 전공을 도입한 배경은 다음과 같다. 첫째, 사회
및 교육환경 변화에 따라 다양한 전공 분야 이수에 대한 요구 증대, 둘째,
부·복수전공 이수(18~36)학점 부담에 따른 학생들의 다전공 신청 기피
현상을 해결하기 위해, 셋째, 교육부의 소단위 전공과정 운영 근거(「고등교
육법 시행령」 제12조의2 신설) 마련 등 정부의 교육혁신 의지에 동참하여 교

육과정 다양화 및 활성화를 도모하기 위해서이다.

교육부는 소단위 전공의 안정적이고 적극적인 운영을 위해 다음과 같이 「고등교육법 시행령」 제12조의2 신설을 통해 소단위 과정 운영 근거도 마련하였다.

📖 **「고등교육법 시행령」**

[시행 2024. 8. 21.] [대통령령 제34227호 2024. 2. 20. 일부개정]

(… 상략 …)

제12조의2(소단위 전공과정) ① 대학, 산업대학, 교육대학, 전문대학, 기술대학과 방송대학 · 통신대학 · 방송통신대학 및 사이버대학(이하 "원격대학"이라 한다), 각종학교 및 대학원대학은 법 제21조 제1항에 따른 교육과정을 운영하는 경우 학생이 적은 학점으로 다양한 전공 분야의 과정을 이수할 수 있는 소단위 전공과정을 운영할 수 있다.

② 제1항에 따라 소단위 전공과정을 운영하는 학교는 법 제36조 제1항에 따라 시간제로 등록하여 수업을 받는 사람 등 학칙으로 정하는 사람에게도 해당 소단위 전공과정 교육을 실시할 수 있다.

③ 제1항 및 제2항에서 규정한 사항 외에 소단위 전공과정 이수증서의 발급 등 소단위 전공과정의 운영에 필요한 사항은 학칙으로 정한다.

[본조신설 2023. 4. 18.]

◼ 무전공

무전공(Undeclared Major)은 학생들이 대학에 입학할 때 특정 전공을 선택하지 않고 입학 후 일정 기간 동안 다양한 학문을 탐구한 뒤 전공을 선택하는 제도이다. '자유전공', '(자기)설계전공' 등의 명칭으로 불리기도 하며, 관련 문헌에서 다음과 같이 정의된다.

- 자유전공은 학생 각자의 적성과 관심분야에 맞추어 기존 학문의 경계에 제한받지 않고 인문, 사회, 자연을 넘나드는 유연한 전공 설계가 가능하도록 한다(이성종 외, 2009, p. 272).
- 설계전공은 기존 학과의 전공 제한 속에서는 달성될 수 없는 고유하고 독특한 학문적 관심과 적성, 미래의 계획을 가진 학생들이 학교와 교수들의 지도와 지원 속에서 스스로 전공 프로그램을 설계하고 이를 이수하는 전공 형태이다(김지현, 2009, pp. 84-89).

대교협[11]이 밝힌 2025학년도 무전공 선발 모집 주요 현황을 보면 무전공 선발 모집단계 중점 추진 대학(교대 · 특수목적대 제외)은 수도권 대학 51교, 국립대 22교로 총 73교이다.

〈표 6-2〉 무전공 선발 모집단계 중점 추진 대학 모집 주요 현황

	유형 1*		유형 2**		합계	
	'24학년도	'25학년도	'24학년도	'25학년도	'24학년도	'25학년도
수도권대	2.4% (2,296명)	13.1% (11,408명)	5.4% (5,222명)	16.4% (14,240명)	7.7% (7,518명)	29.5% (25,648명)
국립대	0.6% (294명)	7.5% (3,436명)	4.0% (2,113명)	19.3% (8,851명)	4.5% (2,407명)	26.8% (12,287명)
합계	1.7% (2,590명)	11.2% (14,844명)	4.9% (7,335명)	17.4% (23,091명)	6.6% (9,924명)	28.6% (37,935명)

* (유형 1) 모든 전공(보건의료, 사범 등 제외) 중 자율 선택
** (유형 2) 계열 · 단과대 내 전공 중 자율 선택+정원의 150% 이상 선택권 부여
※ 대학별 제출자료 기준으로, 추후 전공선택권 범위 등 검증 후 변동 가능
※ 보건의료, 사범, 종교(자율), 예체능(자율), 희소 · 특수학과 등(10% 내 자율) 모수에서 제외하고 산출
출처: 한국대학교육협의회 〈2025학년도 대입전형시행계획 주요 사항 안내〉 (2024. 5. 30.)

---

11) 한국대학교육협의회의 약칭이다. 대교협은 전국 4년제 대학의 학사, 재정, 시설 등 주요 관심사에 대하여 의견을 모아 정부에 건의하여 정책에 반영하게 하는 역할을 담당한다.

〈표 6-2〉와 같이 무전공 선발 모집인원은 37,935명(28.6%)으로, 2024학년도 대비 2만 8,011명이 늘었다. 수도권 대학을 기준으로 무전공 선발 모집인원은 2만 5,648명(29.5%)으로 2024학년도에 7,518명(7.7%)이었던 것과 비교하면 21.8p 늘었다. 국립대 22교에서는 무전공 선발로 1만 2,287명(26.8%)을 모집한다. 국립대도 2024학년도 무전공 선발 모집인원이 2,407명(4.5%)이었던 것과 비교하면 22.3%p 증가했다.

운영사례를 간략히 소개하면, 군산대학교는 자율전공학부를 신설하여 학생들이 입학 후 다양한 전공을 탐색할 수 있는 기회를 제공하고, 덕성여자대학교는 전면 자유전공제를 도입하여 신입생들이 전공을 정하지 않고 다양한 분야를 탐구할 수 있게 한다. 또한 삼육대학교는 창의융합자유전공학부와 미래융합자유전공학부를 신설하여, 학생들이 2학년 진급 시 자유롭게 전공을 선택할 수 있도록 한다. 한국항공대학교는 전공자율선택제를 전면 도입하여 학생들이 소속 단과대학에 구애받지 않고 제2전공을 선택할 수 있도록 지원한다. 이 대학은 항공우주산업과 관련된 다양한 융합전공을 통해 전문 인재를 양성하는 데 중점을 두고 있다. 건국대학교는 2025학년도부터 'KU자유전공학부(무전공)'를 신설하여 학생들이 2학년 진급 전까지 다양한 전공을 탐색한 후 자신의 전공을 선택할 수 있게 한다.

이상과 같이 무전공 선발을 추진하는 대학들은 이 제도를 통해 학생들에게 자율성을 보장하고 다학제적 학습을 가능하게 함으로써 융합적 사고를 기를 수 있다고 기대한다.

■ 연계전공

융합교육을 위한 제도로 연계전공도 있다. 연계전공(Interdepartmental

Major)은 말 그대로 두 개 이상의 학과나 학부가 협력하여 제공하는 교육 과정으로, 다양한 학문 분야를 융합 혹은 통합하여 새로운 지식을 창출하고 학생들에게 폭넓은 학습 기회를 제공하는 전공 제도이다.

대표적인 연계전공으로는 서울대학교의 고전문헌학, 라틴아메리카학, 인문데이터과학, 정치경제철학 등이 있다. 연세대학교는 2000년부터 연계전공을 운영하여 학부에서 학제 간 교육을 활성화하고 있으며, 대표적인 연계전공으로는 한국 및 동아시아학, 디지털예술학, 인지과학, 문화비평학, 벤처학 등이 있다.

이러한 연계전공은 학생들이 다양한 학문을 융합하여 학습할 수 있도록 지원하며, 창의적이고 융합적인 인재를 양성할 수 있다고 기대한다.

제7장

융합교육과정 개발 전략

이 장에서는 융합교육과정을 효과적으로 설계하고 실행하기 위한 전략들을 다룬다. 먼저, 융합교육의 이론적 배경을 간략히 개관하고, 대표적인 융합교육과정 모형과 접근법을 분석한다. 이를 통해 융합교육과정 설계시 고려해야 할 주요 원칙과 실천적 지침을 제시하며, 실제 교육 현장에서 융합교육과정을 운영하는 데 있어 발생할 수 있는 문제점들과 그 해결 방안을 논의한다. 또한 성공적인 융합교육과정 개발을 위해 교육목적, 인재상, 전공역량 등 핵심 요소들을 어떻게 통합하고 조정해야 하는지에 대해 구체적인 사례와 함께 설명할 것이다. 마지막으로, 융합교육과정의 평가 방법과 효과적인 운영을 위한 지원 체계 구축에 대해서도 논의함으로써 융합교육이 지향하는 목표를 달성하는 데 필요한 전략적 접근을 제안하고자 한다.

1 융합교육과정 이론 개관

1) Fogarty(1991) 10가지 유형

융합교육과정 설계와 관련하여 대표적인 연구인 Fogarty(1991)가 제시한 10가지 모형은 융합수업 설계 및 실행의 양상을 시각적으로 분명하게 제시한다는 점에서 의의가 있다. 그는 10가지 유형을 '학문 내에서의 통합', '여러 학문 간 통합', '학습자 내/간 통합'이라는 세 가지 범주로 [그림 7-1]과 같이 구분하였다.

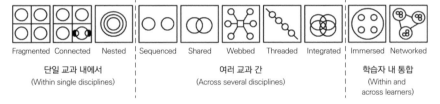

[그림 7-1] Fogarty(1991)의 교육과정 통합의 세 가지 범주

출처: Fogarty (1991), p. 14.

이 세 가지 범주에 따라 〈표 7-1〉과 같이 10가지 설계모형을 제시하였다.

〈표 7-1〉 Fogarty(1991)의 통합교육과정 10가지 모형

차원	유형	모형	통합방식
학문(교과) 내 통합	단절형 (Fragmented)		전통적 분과형식으로 하나의 교과에 초점을 둠
	연결형 (Connected)		단절형과 같이 분리하여 조직하고 가르치지만, 특정 주제나 개념을 연결시킴
	동심원형 (Nested)		가르치는 내용을 중앙에 위치시키고 관련 내용을 복합적으로 확대하면서 통합함
학문(교과) 간 통합	계열형 (Sequenced)		주제나 단원은 교과별로 분리되어 가르쳐지나, 교수자들은 순서를 재배열하여 관련된 개념들을 가르침
	공유형 (Shared)		서로 겹치는 개념 혹은 아이디어가 조직 요소로 나타나는 두 교과에서, 계획과 교수를 공유함
	거미줄형 (Webbed)		풍성한 주제(theme)가 교육과정의 내용과 학문에 거미줄로 연결됨
	실로 꿴 형 (Threaded)		메타교육과정 접근법은 사고 기능, 사회적 기능, 다중 지능, 기술, 다양한 학문의 학습 기능을 실로 꿰
	통합형 (Integrated)		간학문적 접근은 중복되는 개념과 소주제들을 팀티칭을 통해 합치시킴으로써 충실한 통합모형을 이룸
학습자 내/간 통합	몰입형 (Immersed)		학문은 학습자의 전문성 렌즈의 부분이 됨. 학습자는 이 렌즈를 통해 모든 내용을 필터링하고 자신의 경험에 몰입함
	네트워크형 (Networked)		학습자는 전문가의 눈으로 모든 학습을 여과하며, 관련된 분야 전문가와의 외적 네트워크로 연결되는 내적 연관을 형성함

이 10가지 모형 중에서 융합의 성격이 짙은 '학문 간 통합'과 학습자 내/간 통합에 대해 살펴보자. 먼저, '학문 간 통합 유형'에는 계열형, 공유형, 거미줄형, 실로 펜 형, 통합형의 다섯 가지 모형이 있다. 이 모형들을 탐색해 보면, 각 유형을 관통하는 원리를 발견할 수 있다. 결합의 기준 측면에서 살펴보면, 계열형, 공유형, 통합형은 주제(topic)나 개념(concept)을 융합의 근거로 삼고 있으며, 거미줄형은 활용 가능성이 높은 주제(fertile theme)를 설정하고 그 하위 범주로 개념, 주제, 범주의 세 가지 영역을 포함한다. 반면, 실로 펜 형은 사고 기능이나 사회 기능과 같은 특정 기능(skills)을 통합의 근거로 삼아 다른 유형들과 차이를 보인다.

한편, 몰입형 및 네트워크형은 교과보다는 학습자의 내면에 초점을 맞춘 통합 유형이다. 몰입형의 경우, 특정 분야에 깊이 빠져 있는 마니아, 졸업생, 박사과정생 등이 이에 속한다. 이 모형에서 통합은 외부의 개입 없이 학습자 내부에서 이루어진다. 반면, 네트워크형은 학습자가 자신의 전문 분야 내에서, 그리고 여러 영역을 넘나들며 필요한 자원을 직접 탐구하는 유형이다. 예를 들어, 카우보이와 인디언 놀이를 하며 자란 한 초등학교 5학년 학생이 미국 원주민에 대해 깊은 관심을 가지고 스스로 관련 역사를 읽고, 여름 캠프에 참여하여 인류학자, 지질학자, 고고학자, 일러스트레이터 등 다양한 분야의 사람들을 만나는 것이 이에 해당된다.

2) Drake(1993, 2004)의 세 가지 접근

Drake(1993)는 주제 외에도 다양한 통합방법을 함께 제시하며, 융합교육의 방법을 크게 세 가지 접근으로 설명해 그 유형 구분이 명확하고 알아보기 쉽다는 장점을 가지고 있다. 다학문적 접근이 학문의 틀을 유지하면서 주제를 중심으로 교과 간의 통합을 이루는 방식이라면, 간학문적 접근은 보다 일반화된 주제를 통해 교과를 관통하는 개념과 기능을 융합의 중심으로 삼는다. 마지막으로, 초학문적 접근은 학생들의 실생활을 중심으로 통합을 이루는 특징을 보인다.

〈표 7-2〉 Drake의 다양한 통합교육에 대한 접근

	다학문적 접근	간학문적 접근	초학문적 혹은 탈학문적 접근
접근 방법	도덕 국어 사회 / 사회 과학 / 주제 / 미술 수학 / 음악 체육 실과	국어 과학 / 주제개념 / 간학문적 기능(보기: 문해력, 사고기능, 기본적 계산력, 연구기능) / 사회 실과(기술·가정·정보)	교과영역들 / 주제 / 개념 / 생활기능 / 현실세계 맥락 / 학생의 질문
조직 센터	주제와 관련하여 조직화된 학문의 표준	학문 표준에 제시되어 있던 간학문적 기술과 개념	실제 생활 학생 질문
학문의 역할	학문의 절차가 가장 중요함 엄격한 지식과 개념	간학문적 기술과 개념을 중시함	학문을 가르치지만 실제 생활을 강조함

출처: Drake & Bunrs (2004); 김승호, 박일수(2020) 재수정.

3) Harden(2000)의 11가지 단계

Harden(2000)은 교육과정 통합의 수준을 나타내는 연속체로, 교육과정 통합에 대한 다양한 접근 방식을 설명하기 위해 고안된 11단계 통합 사다리를 [그림 7-2]와 같이 고안하였다.

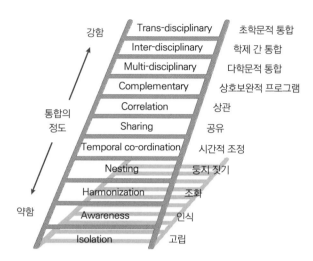

[그림 7-2] Harden의 11단계 통합 사다리

이 연속체는 통합의 정도에 따라 단계별로 나뉘어 있으며, 각 단계는 교수자들이 교육과정 통합을 어떻게 적용할 수 있는지를 보여 준다.

이 11단계 통합 사다리에 대한 설명은 다음과 같다.

- Isolation(고립): 각 과목이 독립적으로 가르쳐지며, 교사들은 서로 협력하지 않음
- Awareness(인식): 교사들이 다른 과목에서 무엇을 가르치는지 알고 있지만, 교육과정 통합에 대한 구체적인 계획은 없음
- Harmonization(조화): 교사들이 다른 과목과의 일정을 조정하여 중요한 주제나 개념이 겹치지 않도록 함
- Nesting(둥지 짓기): 한 과목에서 가르치는 내용을 다른 과목에서 가르치는 내용에 포함시켜 자연스럽게 통합을 유도함
- Temporal Coordination(시간적 조정): 서로 다른 과목에서 가르치는 내용을 동일한 시간대에 맞추어 학생들이 내용을 더 잘 이해할 수 있도록 함

- Sharing(공유): 교사들이 같은 주제나 개념을 공유하여 가르치며, 과목 간에 일정한 협력이 이루어짐
- Correlation(상관성): 여러 과목에서 가르치는 내용을 서로 연관시켜 학생들이 통합적인 시각을 가질 수 있도록 함
- Complementary Programs(상호보완적 프로그램): 서로 다른 과목에서 가르치는 내용을 보완하여, 학생들이 더 깊이 이해 가능
- Multidisciplinary Integration(다학문적 통합): 여러 과목이 하나의 주제나 문제를 중심으로 통합되며, 과목 간의 경계를 넘어서는 협력이 이루어짐
- Interdisciplinary Integration(학제 간 통합): 과목 간의 경계를 넘어서, 여러 과목이 함께 협력하여 하나의 통합된 교육 프로그램을 구성
- Transdisciplinary Integration(초학문적 통합): 과목의 경계가 완전히 허물어지고, 학습자 중심의 교육 프로그램이 이루어짐. 모든 과목이 하나의 통합된 주제나 문제를 중심으로 조직

4) Shaw(1989), Vars(1991)

이 외에도 Shaw(1989)는 통합 교육과정을 동적으로 분석한 모형을 제시하였는데, 이는 '상승하는 나선형(the Ascending Spiral)' 과정으로 교육과정의 통합과 응집 과정을 설명하였다(Hyslop & Parsons, 1995). Shaw는 나선이 원 모양으로 움직이는 동안 마치 원추처럼 같은 자리를 맴도는 것으로 혼동해서는 안 된다고 지적한다. 나선형은 같은 영역이지만 새로운 맥락 가운데 펼쳐지는 것으로, 매번 새로운 조합의 가능성에 열려 있는 것이라고 본다. 이는 학생들이 지속적이고 심화된 학습을 통해 점진적으로 발전할 수 있도록 돕는 중요한 틀을 제공하였다는 의의가 있다.

다음으로, Vars(1991)는 중핵교육과정으로서 융합교육을 실현하는 방법을 제시하였다. Vars 이론의 특징으로는 주제 중심으로 융합교육을 바라본다는 점을 들 수 있다. 또한 학교 차원의 주제 선정, 통합교육팀의 구성, 개별 교사의 블록 타임 운영 등 융합교육의 방법을 주체별로 각각 제시한 점이 특징적이다(홍영기, 2018).

이상과 같이 다양한 논의들을 고려하여 융합교육과정 설계에서 고려할 수 있는 요소들을 정리하면 〈표 7-3〉과 같다.

〈표 7-3〉 융합교육과정 설계 시 주요 고려사항

요소	내용	도출 근거
운영 주체	개별 교수자 교수자로 이루어진 팀 학교 단위	Vars (1991) Harden (2000)
융합의 중심	주제 개념 기능 학생의 질문이나 실생활의 문제	Forgaty (1991) Drake & Bunrs (2004)
융합의 방법	내용 병치하기(시기 맞추기) 통합 단원 구성하기 전일제 프로그램 운영하기 학생 탐구 중심 수업하기	Forgaty (1991)

2 융합교육과정 설계 원리

융합교육과정 이론에 대한 논의를 바탕으로 융합교육과정을 설계할 때 반드시 고려해야 할 핵심 질문들을 제시하고, 각 질문에 대한 심층적인 답변을 통해 융합교육과정 설계의 주요 원칙과 전략을 소개하면 다음과 같다.

■ 1단계: 교육과정 개발자로서 융합교육 혹은 융합교육과정의 개념을 정확히 이해하고 있는가

오늘날 불확실한 미래사회를 유연하게 이끌어 갈 인재를 양성하기 위한 교육적 대안으로 융합교육이 주목받고 있다. 그러나 빠르게 변화하는 시대의 요구에 부응하기 위해 학교 현장에서 급진적으로 개발·도입되다 보니, 융합교육에 대한 개념 이해가 부족하여 형식적으로만 융합교육인 경우가 많다는 지적이 있다. 따라서 융합교육과정을 개발하기 위해 가장 먼저 이루어져야 할 단계는 융합교육과정의 개념에 대한 정확한 이해이다. 이는 교육과정의 목표와 방향성을 명확히 하고, 진정한 융합교육을 실현하기 위한 필수적인 기초 작업이다.

■ 2단계: 과연 융합교육과정으로 개발하는 것이 맞는가

즉, 개발하려는 융합교육과정이 교육목적 달성에 의미가 있는지를 고려해야 한다. 이는 융합교육과정을 개발할 때 먼저 고민해야 할 사항으로, 기존의 분과 학문과 비교하여 융합교육과정으로 개발했을 때 더 효과적인지, 왜 그렇게 생각하는지 등을 검토해야 한다. 특히 융합교육이 주목받는 분위기 속에서 이를 마치 대학교육의 최종 단계로 맹신하는 것은 아닌지 성찰할 필요가 있다. 따라서 기존 분과 학문의 문제점을 파악하고 이를 극복할 방안으로서 융합교육과정 개발이 적절한지에 대한 비판적 검토가 가장 우선되어야 한다.

그리고 근본 원리에 대한 통찰을 생략한 채 각 학문의 지엽적 이론이 가지고 있는 표면적 유사성만으로 융합교육과정을 구성해서는 안 된다. 따라서 융합하는 학문들의 근본 원리에 대한 깊이 있는 탐색이 이루어진 후에 융합 시도를 해야 한다. 사실, 두 학문 분야가 서로 융합될 수 있는지를 판단하는 일은 단순히 형식적 정합성만을 확보하도록 연결시키는 것이 아니라 각 학문이 기반하고 있는 기본가정을 밝혀내어, 그 차원에서 그것이 서로 연결되는 접점을 발견하는 작업이 선행되어야 가능하다.

▣ 3단계: 어떠한 인재상을 길러 내고자 하는가

융합교육의 인재상이나 의미 규정이 명확히 이루어지지 않은 채, 성급하게 교육과정을 구성하고 있지는 않은지 확인해야 하며, 융합교육의 인재상과 패러다임을 명확히 확립해야 한다. 인재상을 수립하면 교육의 궁극적인 목표가 명확해지고, 이를 통해 교육과정의 방향성을 설정하고, 모든 교육활동이 그 목표를 향해 일관성 있게 진행될 수 있기 때문이다.

더불어 명확한 인재상 수립은 학생들에게도 학습의 목적과 가치를 명확히 전달하여 학습 동기를 부여하는 데 많은 도움을 줄 수 있다. 학생들은 자신이 목표로 하는 인재상에 가까워지기 위해 더 적극적으로 학습에 임할 수 있게 될 것이다.

이와 같이 융합교육과정을 개발할 때 먼저 길러 내고자 하는 인재상을 수립하는 것은 교육의 방향성과 효과성을 높이고, 사회적 요구에 부응하는 인재를 양성하는 데 필수적인 과정 중 하나이다.

■ 4단계: 융합교육과정을 개발하는 교육목적 및 목표를 설정하였는가

융합교육이 단순히 기존 전공의 혼합에 그치지 않고 융합전공 수업의 깊이를 확보하기 위해서는 명확한 목표를 설정하고 그 목표를 이룰 방안을 고민해야 한다. 융합교육의 인재상과 더불어 융합교육의 목적 및 목표를 명확하게 수립하는 것은 매우 중요하다. 융합이 불확실한 미래사회의 대안으로 떠오르며 교육 현장에서 인기를 얻고 있다고 해서 무분별하게 인기를 좇는 방향으로 나아간다면, 분과 학문의 한계를 극복하고 현실에 능동적으로 대처하려는 본래의 의도가 오히려 분과 학문의 전문성까지 위기에 처하게 만들 수 있다. 즉, 융합교육이 오히려 개별 전공의 긍정적 효과를 잃게 하는 결과를 초래할 수 있다는 말이다.

실제로 융합교육에 참여한 학생들 중에는 타 전공과의 교류를 긍정적으로 평가하면서도 각 과의 전문성을 살리지 못했다고 느낀다는 의견이 있다. 이는 융합전공 수업으로 인해 자기 전공에 소홀해지는 결과를 초래할 수 있음을 시사한다. 따라서 융합교육이 단순한 전공의 혼합에 그치지 않고 융합전공 수업의 깊이를 확보하기 위해서는 명확한 목표를 설정하고 그 목표를 이룰 방안을 고민해야 한다. 그리고 이에 맞추어 교육내용과 교재, 교육방법 등이 일관성을 갖추도록 교육 프로그램을 구성해야 한다.

■ 5단계: 융합교육과정의 융합전공역량을 도출하였는가

융합교육의 목표 달성을 통해 길러 내고자 하는 융합전공역량을 미리 수립하여야 한다. 그 이유는 융합전공역량이 명확히 정의되어야 교육과정이 체계적으로 구성될 수 있기 때문이다. 또한 이러한 역량을 기반으로 교육내용, 교수방법, 평가 방식을 일관되게 설계할 수 있다. 이는 학생들이

융합적 사고와 문제 해결 능력을 효과적으로 개발할 수 있도록 돕고, 교육의 일관성과 목표 달성도를 높이는 데 필수적이다. 나아가 명확한 융합전공역량은 교수진과 학생 모두에게 교육의 방향성과 기대치를 분명히 전달하여, 학습 과정에서의 혼란을 최소화하고 성취도를 극대화하는 데 기여한다. 융합교육과정의 융합전공역량 도출 전략은 '제8장 융합전공역량 개발 방법'에서 자세히 다루도록 하겠다.

■ 6단계: '인재상', '교육목적 및 목표', '융합전공역량'에 맞는 교육내용과
    교육방법 등을 일관성 있게 갖추었는가

사실, '융합교육과정을 위해 교육내용을 어떻게 융합할 것이냐'는 쉬운 일이 아니다. 교육방법은 교육목표 및 내용과 일치해야 효과적이며, 동시에 학생들의 흥미와 참여를 유발해야 한다. 양미경(1997)은 융합 시대를 살아가기 위해 소통을 통한 협업이 중요해지면서 협동적 교육방식을 유용하게 적용해야 한다고 주장했다. 협동적 교육방식은 주제를 선정하고 그 주제와 관련된 여러 교과의 맥락을 통합하여 학습하고 경험하게 한다. 또한 각 교과의 심층적이고 차별적인 성격이나 특성에 대해 생각해 볼 기회를 제공하여, 관점을 선택하는 안목이나 지식에 대한 비판적이고 유기적인 사고를 배양할 수 있게 한다고 주장했다. 이렇듯, 융합교육은 '인재상', '교육목적 및 목표', '융합전공역량'을 수립하기 위해 기존의 교육방식과 다른 접근이 필요하다.

융합교육 활동에서는 교수자가 안내자나 보조자가 아니라 수업의 주체자가 된다는 점도 유념해야 한다. 융합교육의 교육방법은 학생이라는 주체와 교수자라는 주체가 교육적 관계 속에서 상호 협동하여 주제를 선정

하고 이를 함께 토의하며 배우는 방식이어야 하므로, 학생주도형 협동학습과는 다르다. 나아가 교수와 학생이 목표를 공유하고 아이디어와 자료를 나누며, 과제를 공동으로 설정하고 분업하여 일의 수행 결과를 함께 나누는 상호작용의 과정이 중요하다. 즉, 융합을 위한 협동 학습은 단순히 학생들 간의 작업이 아니라 교수와 학생 간의 적극적인 상호작용을 전제로 해야 하는 것이다.

융합교육을 위한 교수·학습에 대한 자세한 방법은 '제10장 융합교육을 위한 교수·학습의 변화'에서 좀 더 자세히 다룰 예정이다.

▣ 7단계: 융합교육과정의 평가방식을 어떻게 설계할 것인가

융합교육과정의 평가방식은 교육목적과 내용, 방법의 특성과 일치해야 한다. 융합교육의 성격상 필답고사에 의한 평가보다는 과정중심의 평가가 더 적합하다. 집단활동에서도 프로젝트의 수행과정 및 결과를 통해 개별 학생의 학습 결과를 평가하는 것이 더 바람직하며, 집단에 대한 보상도 고려하여 협력을 유발해야 한다. 그러나 전공 지식의 배경이 서로 다르고 역할도 다른 학생들을 공정하게 평가하는 것은 쉬운 일이 아니다. 자기평가와 상호평가를 실시하여 이를 보완하는 방법도 고려해 볼 필요가 있다.

특히 문제중심이나 프로젝트 중심의 융합교육에서는 객관성을 확보하기 위한 선택형 문항보다는 과정중심, 활동중심의 질적 평가가 더 적합하다. 그러나 현재 평가가 융합 교과목 교수자들의 자율적 판단에 지나치게 의존하고 있어 일관성을 확보하기 어려운 실정이다. 따라서 명확한 채점기준을 수립하는 것이 매우 중요하다.

참고자료 **융합교육과정에 대한 평가 방법**

이상에서 언급한 평가방식은 융합교육과정으로 진행한 수업을 통해 목표한 전공 역량을 함양하고, 인재상을 형성했는지 평가하는 방법에 대한 것이다. 그렇다면 개발한 융합교육과정 자체는 어떻게 평가할 수 있을까? 이를 공학인증에서 복합 학제적 능력과 의사소통 능력을 평가하는 채점기준을 활용해 평가기준을 제안해 보겠다.

구분	교육과정 성과	학습성과
수행준거	수행준거	행동적 용어로 정의
	수행수준	상중하 또는 5레벨
달성목표	달성목표	수행 수준별 달성목표 정의
평가체계	평가개요	평가체계의 개요 설명
	평가도구	행동적 용어별로 평가도구 설정
	채점기준	평가도구별 채점기준 선정하여 채점
	분석평가	당해연도 자료 분석 평가

이상의 표에 제시된 평가기준을 참고하여 개발하려는 융합교육과정이 잘 개발되었는지를 확인하고 평가하는 기준으로 활용할 수 있다.

3 융합교육과정 설계 시 고려사항

융합교육과정 설계 전략과 더불어 융합교육과정을 설계할 때 고려해야 할 부수적인 사항들을 다음과 같이 소개하여, 학생과 교수진이 다양한 학문적 시각을 통합적으로 이해하며 깊이 있는 학습을 할 수 있는 융합교육과정 개발을 돕고자 한다.

3. 융합교육과정 설계 시 고려사항

① 교과 통합과 융합이 오히려 학습 영역을 축소시키는 경우도 있다

융합교육과정은 통합된 학습이 오히려 특정 학문 영역을 축소시킬 수 있다는 점에서 주의가 필요하다. 예를 들어, 과학과 예술을 융합한 교육과정에서 과학적 개념을 충분히 다루지 못하고 예술적 표현에만 집중하면, 학생들이 깊이 있는 과학 지식을 습득하는 데 어려움을 겪을 수 있다.

② 여타의 복수전공이나 부전공과의 차별점 부족

현재 대다수 한국 대학의 융합교육은 주전공 이수 상태에서 추가적인 융합전공과정을 이수하는 형태로 제공되기 때문에 복수전공이나 부전공과 차별성이 없다는 비판을 받기도 한다.

③ 교육내용을 단순히 연결하는 방식 지양

융합교육과정을 설계하고 운영할 때, 종종 여러 교수가 함께 수업을 진행하는 팀티칭 방식을 활용할 수 있다. 팀티칭은 각 교수의 전문성을 살려 다양한 학문적 시각을 학생들에게 제공할 수 있는 장점이 있다. 그러나 이 방식을 잘못 활용할 경우, 교육내용이 단순히 나열되거나 연결되는 수준에 머무를 위험이 있다. 예를 들어, 서로 다른 전공의 교수들이 각자 자신의 분야에 대해 강의하고, 그 내용이 단순히 시간 순서대로 연결되기만 한다면, 학생들은 학문 간의 깊이 있는 융합을 경험하기 어려울 수 있다. 따라서 팀티칭을 운영할 때는 교수들 간의 사전 협의와 공동 계획이 매우 중요하다. 각 학문 분야의 교수들이 함께 모여, 학생들이 어떻게 학문 간의 관계를 이해하고 통합할 수 있을지 심도 있게 논의해야 한다.

④ 질적 융합을 위한 심도 있는 고찰과 협의체 구성 필요

융합하는 학문들의 근본 원리에 대한 깊이 있는 고찰이 필요하며, 이를 위해 전공 교수들로 구성된 협의체가 필요하다. 이 협의체를 통해 여러 전공의 공통적인 개념 및 탐구과정을 도출하여 융합해야 한다. 특히 질적 접근을 통해 핵심 지식과 역량을 중심으로 융합교육내용을 편성하는 것이 좋다.

⑤ 융합교육과정을 효과적으로 운영하기 위한 지원체제 확립 필요

융합교육과정을 효과적으로 운영하기 위해서는 연구인력 등의 인적 자원 확보, 유연한 학사 행정 운영 등의 지원체제 확립도 필요하다. 또한 현장조사를 위한 여비, 프로토타입 제작 비용 등 재정적 지원과 팀별 활동을 위한 공간 확보도 필수적이다.

⑥ 학생과 교수진의 인식 전환 필요

융합에 대한 분명한 이해 부족과 교과 이기주의는 통합의 범주에 심각한 제한을 가져올 수 있다. 따라서 융합에 대한 올바른 인식을 확립하는 것 또한 중요하다.

제8장

융합전공역량 개발 방법

전공능력을 명확히 이해하고 도출하면 학생들이 학업 과정에서 목표를 명확히 세우고, 이를 달성하기 위해 필요한 기술과 지식을 체계적으로 습득할 수 있다. 따라서 오늘날 대학에서 교육과정 설계 시 전공능력의 설정은 교육의 일관성과 목표 달성도를 높이기 위한 필수 단계가 되었다. 전공능력은 전공역량과 동일한 개념이나, 대학 기본역량 진단에서 전공역량 대신 '전공능력'이라는 용어를 사용함에 따라 현재 많은 대학에서 전공역량을 전공능력으로 사용하고 있다. '전공능력'이란, 특정 학문 분야나 전공에서 학생들이 갖추어야 할 지식, 기술, 태도 등을 말한다. 이는 해당 분야의 전문가로서 역할을 수행하기 위해 필요한 필수적인 능력을 말하며, 학문적 성취와 실무적 역량을 모두 포함한다. 수립된 전공능력을 다시 하위 능력, 구성 요소 등으로 세분화하기도 한다.

그렇다면 융합교육과정에서의 융합전공역량은 어떻게 정의할 수 있을까.

참고로 이 책에서는 융합전공능력이 아닌, 융합전공역량이라는 단어를 쓰도록 하겠다. '역량'은 단순한 기술이나 지식뿐만 아니라 태도, 성향, 문제 해결능력 등 다양한 요소를 포함한다. 따라서 융합교육과정에서 요구되는 포괄적인 능력을 표현하기에 역량이라는 단어가 더 적합하다고 판단하여 이 책에서는 융합전공능력이 아닌, '융합전공역량'이라고 표현하겠다.

'융합전공역량'은 서로 다른 학문 분야를 결합하여 새로운 학문적 시각과 실용적 능력을 갖추도록 하는 데 필요한 지식, 기술, 태도 등을 말하는데, 전공능력과의 가장 큰 차이점은 융합전공을 통해 학생들이 복합적인 문제를 창의적으로 해결하고, 다양한 분야의 지식을 통합하여 새로운 가치를 창출할 수 있는 능력이 포함된다.

전공능력 도출은 주로 목표 설정에서 시작하여 기초 자료 수집, 전공능력 초안 도출, 내부 검토 및 수정, 전공능력 확정의 단계를 거쳐 도출된다. 이렇게 도출된 전공능력은 다시 대학이 정한 핵심역량과의 관련성도 고려하여 이 둘의 관련성이 밀접한 역량끼리 매칭함으로써 전공역량으로 설정하기도 한다. 그렇다면, 융합전공역량은 전공능력과 비교하였을 때 어떠한 점에서 차이점이 있을까? 이 질문에 대한 탐색은 융합전공역량을 도출하는 데 많은 도움이 될 것이다. 지금부터 이 질문에 대한 답을 살펴보자.

1 　전공능력과 융합전공역량 간의 차이점

단일 학과의 전공능력은 특정 학문 분야의 전문성을 강조하는 반면, 융합전공역량은 여러 학문 분야의 통합적 접근을 통해 복합적인 문제를 해결하고 새로운 가치를 창출하는 데 중점을 둔다는 점이 가장 큰 차이점이라 할 수 있다. 지금부터 이 둘 간의 차별점을 '학문적 범위와 시각', '문제 해결 접근 방식', '교육목표와 학습성과'라는 세 가지 측면에서 자세히 비교하여 살펴보겠다.

1) 학문적 범위와 시각

- **전공능력**
  - 특정 학문 분야에 초점을 맞추며, 해당 분야의 깊이 있는 지식과 기술을 습득하는 것을 목표로 한다.
  - 학생들은 특정 전공 분야에서 전문가로서 역할을 수행하기 위한 전문 지식과 기술을 배우게 된다.
  - 예를 들어, 화학과의 전공능력은 화학 이론, 실험 기술, 분석 방법 등에 중점을 둔다.

- **융합전공역량**
  - 여러 학문 분야를 결합하여 새로운 학문적 시각과 실용적 능력을 갖추도록 한다.
  - 학생들은 다양한 분야의 지식을 통합하고, 복합적인 문제를 창의적으로 해결하는 능력을 키운다.
  - 예를 들어, 화학과 예술을 융합한 전공은 화학적 개념을 예술적 표현과 결합하여 새로운 형태의 창작을 가능하게 한다.

2) 문제 해결 접근 방식

- **전공능력**
  - 특정 학문 분야 내에서 문제를 정의하고 해결하는 데 중점을 둔다.

- 문제 해결 방식이 주로 해당 학문의 이론과 방법론에 기초한다.
- 예를 들어, 기계공학 전공능력은 기계 설계와 제조에 관련된 문제를 해결하는 능력을 포함한다.

● **융합전공역량**
- 복합적이고 다학문적인 문제를 정의하고 해결하는 데 중점을 둔다.
- 다양한 학문적 접근 방식을 통합하여 창의적이고 혁신적인 해결책을 모색한다.
- 예를 들어, 기계공학과 경영학을 융합한 전공은 기술적 문제뿐만 아니라 경영적 측면을 고려한 통합적 해결책을 개발하는 능력을 포함한다.

3) 교육목표와 학습성과

● **전공능력**
- 해당 분야의 전문가로서 필요한 지식, 기술, 태도를 습득하게 한다.
- 학문적 성취와 실무적 역량을 모두 포함하되, 주로 특정 분야 내에서의 성과를 목표로 한다.
- 예를 들어, 간호학과의 전공능력은 환자 돌봄, 임상 기술, 의료 윤리 등을 포함한다.

● **융합전공역량**
- 다학문적 지식을 통합하여 새로운 가치를 창출하는 능력을 함양한다.
- 다양한 학문 분야의 시너지를 통해 혁신적이고 창의적인 학습 성과를 목표로 한다.
- 예를 들어, 융합 생명과학 전공능력은 생물학, 화학, 컴퓨터 과학을 결합하여 생명과학 연구의 새로운 접근 방식을 개발하는 능력을 포함한다.

② 융합전공역량 개발 프로세스

　이번 절에서는 융합전공의 사례를 통해 융합전공역량을 개발하는 과정을 소개하고자 한다. '펫 이코노미' 융합전공은 반려동물 산업의 다양한 분야를 통합하여 학생들이 전문적인 지식과 실무 능력을 갖출 수 있도록 설계된 교육과정으로, 최근 반려동물에 대한 사랑과 관심이 높아지면서 이와 같은 융합전공이 대학에서 많이 개발·운영되고 있는 추세이다. 다음은 '펫 이코노미' 융합전공의 융합전공역량을 도출하는 사례를 통해 융합전공역량을 개발하는 과정을 소개하겠다.

　'펫 이코노미' 융합교육과정은 반려동물 관련 산업의 다양한 분야를 통합하여 학생들이 전문적인 지식과 실무 능력을 갖출 수 있도록 하는 데 초점을 둔다. 다음은 '펫 이코노미' 융합교육과정의 융합전공역량을 도출하는 예시이다.

▸ **1단계: 목표 설정**
  - 미션 및 비전 설정: '펫 이코노미' 교육과정의 목표는 반려동물 산업의 전문가를 양성하고, 관련 분야의 융합적 접근을 통해 혁신적인 해결책을 제공
  - 교육목표 수립: 반려동물 관리, 건강, 비즈니스, 법률 및 윤리 등 다양한 분야의 지식을 통합하여 학생들이 전문성을 갖출 수 있도록 교육목표를 수립

▸ **2단계: 기초 자료 수집**
  - 산업 및 학문 동향 분석: 반려동물 산업의 최신 동향과 학문적 연구를 분석

- 졸업생 및 재학생 설문조사: 반려동물 관련 산업에 종사하는 졸업생과 현재 학생들의 요구와 필요성을 조사
- 전문가 의견 수렴: 반려동물 산업 전문가, 기업체, 동물병원 등과 인터뷰를 통해 필요한 전공능력을 파악

▸ 3단계: 융합전공역량 초안 도출

- 필요 능력 목록 작성: 수집된 자료를 바탕으로 '펫 이코노미'에 필요한 전공역량의 목록을 작성
- 역량 모델링: 반려동물 관리, 건강, 비즈니스, 법률 및 윤리 분야를 통합한 역량 모델을 개발

※ 역량 모델링

역량 모델링이란, 해당 학문 분야에서 성공적으로 수행하기 위해 필요한 역량을 지식, 기술, 태도, 행동 등으로 나누어 체계적으로 정의하고 구조화하는 과정을 뜻하며 주로 다음과 같은 단계로 구성된다.

역량 정의하기	주요 역량(지식, 기술, 태도 등)을 정의한다.
역량 세분화하기	정의된 주요 역량을 더 구체적인 하위 역량으로 세분화한다.
역량의 수준 설정하기	각 역량에 대해 달성해야 하는 수준을 설정하고, 이를 초급, 중급, 고급과 같이 단계별로 나눌 수 있다.* *대학의 실정에 따라 기초, 핵심, 전문, 실무 등의 단계로 나누기도 한다.
역량 프로파일 작성하기	각 역량에 대한 설명과 예시를 포함한 상세한 프로파일을 작성한다. 이 프로파일은 학생들이 학습해야 할 내용과 목표를 명확히 이해할 수 있도록 돕는다.
평가 방법 개발하기	정의된 역량을 평가할 수 있는 방법을 개발한다. 이는 시험, 과제, 실습 평가 등 다양한 형태로 구현될 수 있다.

▸ **4단계: 내부 검토 및 수정**

- 교수진 워크숍 및 회의: 관련 분야 교수진이 모여 초안을 검토하고 수정
- 학생 및 이해관계자 의견 수렴: 학생, 졸업생, 산업체 등의 의견을 반영하여 초안을 보완

▸ **5단계: 융합전공역량 확정**

- 최종안 작성: 수정된 초안을 바탕으로 융합전공역량을 최종 확정
- 공식 승인: 학과 내부 및 대학의 공식 승인

'펫 이코노미' 융합전공역량 예시

1. 반려동물 관리 및 건강

- 반려동물의 기본 관리, 영양, 운동, 심리적 요구 이해 및 적용 능력
- 반려동물의 건강 상태 평가, 예방의학 및 응급 처치 능력

2. 반려동물 비즈니스

- 반려동물 관련 제품 및 서비스 기획, 마케팅, 판매 전략 수립 능력
- 반려동물 산업의 시장 분석, 트렌드 예측 및 비즈니스 모델 개발 능력

3. 법률 및 윤리

- 반려동물 관련 법률 이해 및 준수 능력
- 반려동물의 복지와 윤리에 대한 지식과 실천 능력

4. 융합적 문제 해결 능력

- 다양한 학문적 지식을 통합하여 반려동물 산업의 복합적인 문제를 해결하는 능력
- 창의적 사고를 통해 새로운 아이디어를 도출하고, 실용적인 해결책을 제시하는 능력

5. 협력 및 의사소통 능력

- 다양한 분야의 전문가와 협력하여 목표를 달성하는 능력
- 반려동물 산업 내 다양한 이해관계자와 효과적으로 의사소통하는 능력

6. 정보기술 활용 능력

- 반려동물 관리 및 비즈니스에 정보기술을 적용하여 효율성을 높이는 능력
- 데이터 분석을 통해 반려동물 산업의 트렌드를 파악하고 전략을 수립하는 능력

이상으로 융합전공역량 도출 및 개발 방법에 대해 살펴보았다. 이러한 접근은 융합교육과정을 개발하고자 하는 이들에게 도움이 될 것이며, 보다 혁신적이고 효과적인 교육과정을 설계하는 데 도움이 될 것이다.

제9장

무전공과 소단위 전공의 이해

이 장에서는 대학에서 전공의 벽을 허물고, 학생들에게 다양한 전공 탐색과 학문의 기회를 제공하기 위해 추진되고 있는 무전공(전공자율선택제)과 소단위 전공(Micro Major)의 개념과 도입 배경을 살펴본다. 또한 각 제도의 운영 방법과 성공적인 시행을 위한 전략을 탐구하여, 무전공과 소단위 전공이 학생들의 학습 경험을 어떻게 확장하고 미래 인재 양성에 기여할 수 있는지 구체적으로 안내하고자 한다.

1 무전공(전공자율선택제)의 이해

1) 무전공 도입 배경

사실, 전공자율선택제인 무전공은 최근에 새롭게 도입된 것이 아니다. 2009년 서울대학교를 시작으로, 전국 33개 대학에서 '자유전공학부'라는 이름으로 이미 시행된 바 있다. 이 자유전공학부에 입학한 학생들은 바로 전공을 선택하지 않고, 일정 기간 동안 다양한 학문을 탐색한 후 자신에게 맞는 전공을 선택할 수 있는 방식의 무전공 제도를 시행하였다.[1] 이들 대학은 자유전공학부의 도입 목적을 "미래인재를 양성하기 위해 융합 학문을 가르치는 것"이라고 설명했다. 하지만 막상 자유전공학부에 입학한 학생들은 상경 계열 등 인기 있는 과로 진학하거나 법학전문대학원 준비를 하는 경우가 많았다. 따라서 융합학문을 통한 미래인재 양성이라는 본래 취지와는 맞지 않게 인기 학과로 가는 디딤돌로 전락한 것이다. 이런 부작용이 나오면서 자유전공학부가 점차 규모를 축소하거나 그 자취를 감추게 되었다(윤옥한, 2024).

하지만 최근 기술 발전과 사회 변화가 어느 시대보다 빠른 상황 속에서 저출산에 따른 학생 수 급감으로 인해 한국의 대학은 생존을 위해 치열하게 경쟁하고 있다. 2023년 대학가의 최대 관심사는 비수도권 대학을 대상으로 5년간 1,000억 원을 지원하는 '글로컬 대학 30 프로젝트'였다. 2023년 첫해에 선정된 10개 사업단의 특징을 보면, 대학 간 벽 허물기(통합), 대학 내 학과의 벽 허물기(무전공 입학과 편제 조정), 대학과 지역사회의 벽 허물기(지·산·학 연계)로 요약할 수 있다. 대학 혁신의 화두는 경직된 구조, 즉 벽을 허무는 것이다. 이러한 필요성에 의해 제시된 대안 중 하나가 바로 전공자율선택제도인 무전공이다.

---

1) 무전공은 학교마다 '자유전공학부', '자유전공과' 등 명칭이 조금씩 다르게 사용되고 있다. 명칭과 현황은 2024년 현재를 기준으로 자유전공학부(16개 대학: 가천대, 경남대, 고려대, 대구대, 동국대, 상지대, 서울대, 서울시립대, 수원대, 인제대, 인하대, 조선대, 한국항공대, 한남대, 한서대, 안산대), 자유전공(이화여대), 자유전공과(3개 대학: 세한대, 동원대, 유한대), 자유전공(인문 사회계열: 아주대), 자유전공(자연과학 계열: 아주대)으로 운영되고 있다.

2) 무전공 운영 방법

(1) 교육부, 무전공 도입을 위한 대학의 자율성 확대 지원 및 규정 마련

정부는 대학이 학과·학부를 반드시 설치하지 않아도 되는 법적 근거를 마련했다. 기존에 대학 2학년 이상에게만 허용됐던 전과가 1학년에게도 가능해지고, 의대에서는 예과 2년 후 본과 4년이라는 기존 체제가 변할 전망이다. 교육부는 「고등교육법 시행령」 일부 개정령안'을 통해 「고등교육법 시행령」의 115개 조문 중 40개 조문을 정비했다고 밝혔다. 첫째로 대학 내 경계를 허물기 위해 학과·학부 설치의 의무가 없어지고 학칙에 따라 운영이 가능해진다. 대학은 융합학과(전공)를 신설하거나 통합 선발 방식을 통해 학생을 뽑는 등 더욱 다양한 방식으로 운영할 수 있게 된다. 현재 일부 대학들은 이미 전공 구분 없이 신입생 선발을 진행하고 있다. 이화여대, 성균관대, 서울대, KAIST, 한동대 등 5개 대학은 학과가 아닌 단과대나 학부 단위로 신입생을 먼저 선발하고 2학년 때 학과를 선택하도록 하고 있다. 교육부는 시행령 개정을 통해 남은 장벽을 허물고 이러한 운영 방식을 더욱 확대할 계획이라고 밝혔다.

(2) 2개의 유형으로 무전공 모집 시행

학과 간 벽을 허물고 자율전공선택제를 확대하는 대학에 지원을 강화하겠다는 정부의 방침을 토대로 제시된 무전공 모집 방법 시안은 다음과 같다.

유형 1과 유형 2로 나뉘고 유형 1은 입학 후 보건의료, 사범 계열 등을 제외하고 모든 전공을 자유롭게 선택할 수 있다. 유형 2는 광역단위(계열 학부 등) 모집 후 전공을 고를 수 있도록 한다. 유형 1은 학생 자율로 전공

선택이 가능하며, 유형 2도 자율성을 보장해 주거나, 학과별 정원의 최소
150% 범위 안에서 학생을 받을 수 있다.

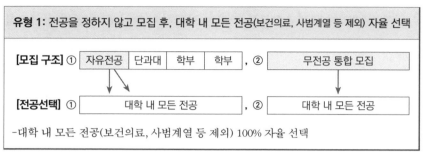

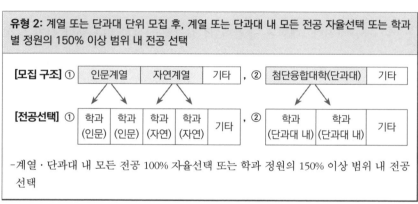

※ 교육부의 시안에 담긴 무전공 모집 구조. 교육부 제공

　　다시 말해 '자유전공' 혹은 '무전공 통합모집'으로 신입생을 모집하고 특
별한 구애 없이 전공을 자율적으로 선택하게 하는 유형 1과, '인문계열',
'자연계열', '첨단융합대학' 등 계열이나 단과대 단위로 모집해서 단위 내에
서 전공을 선택하게 하는 유형 2로 나뉜다. 유형 1을 선택한다면 2025학년
도까지 정원의 5% 이상, 2026학년도까지는 정원의 10% 이상을 무전공으
로 모집해야 한다. 유형 1과 유형 2를 같이 선택한다면 2025학년도까지 정

원의 20% 이상, 2026학년도까지 정원의 25% 이상을 무전공으로 모집해야한다. 대학 일각에서는 유형 1과 유형 2를 같이 선택하는 것이 대학의 선택권이 넓어져 구조 조정 부담이 줄어든다고 말하기도 한다.

3) 주요 대학의 무전공 추진 동향

수도권 대학과 국립대학 등 73개 대학은 2025학년도 정원 내 모집인원의 28.6%인 3만 7,935명을 무전공으로 뽑는다. 비중으로 따지면 전년도

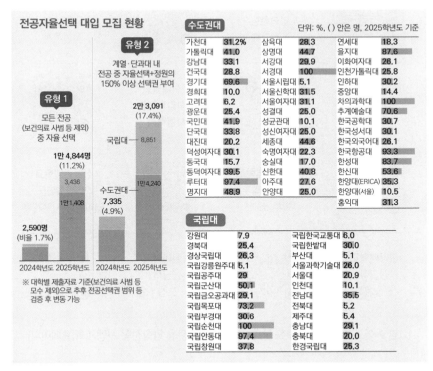

[그림 9-1] 2025학년도 자율전공선택 대입 모집 현황

자료: 교육부.

6.6%(9,924명)보다 4배 이상 늘어났다.[2]

2025학년도 기준으로 고려대는 '자유전공학부'에 해당하는 학부대학을 신설해 36명을 뽑고 공과대학 내 '광역모집'에 해당하는 모집인원 65명을 배정했다. 연세대도 2025학년도에 '상경계열'(70명) 및 생명시스템대학 '생명과학부'(20명) 등 광역모집 단위를 신설했다.

주요 대학들의 무전공 입학 계획에 대한 보다 자세한 내용을 알고 싶다면 [그림 9-2]를 활용하여 해당 대학 입학전형 계획을 확인할 수 있다.

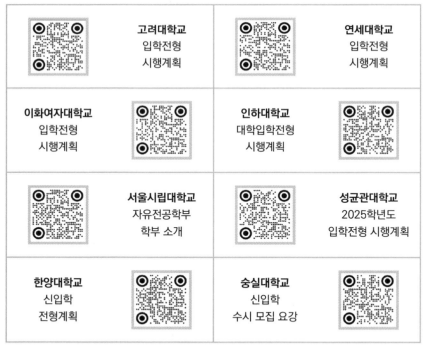

고려대학교 입학전형 시행계획	**연세대학교** 입학전형 시행계획
이화여자대학교 입학전형 시행계획	**인하대학교** 대학입학전형 시행계획
서울시립대학교 자유전공학부 학부 소개	**성균관대학교** 2025학년도 입학전형 시행계획
한양대학교 신입학 전형계획	**숭실대학교** 신입학 수시 모집 요강

[그림 9-2] 2025학년도 수도권 주요 대학의 무전공 입학전형 시행계획[홈페이지]

---

2) 교육부는 일반재정지원사업 평가에서 이들 73개교에 모집인원 25% 이상을 무전공으로 뽑아야 만점을 주기로 했다.

4) 성공적인 무전공 시행을 위한 유의사항

▣ 취업에 유리한 특정 전공으로 몰리는 현상 주의

학생들이 무전공 선발 취지와 달리 취업에 유리한 특정 전공으로 몰리는 현상이 나타날 수 있다.

▣ 인문학 및 기초과학의 중요성 유지 필요

학생들이 취업에 유리한 전공으로 몰리는 현상은 충분히 예상할 수 있으며, 이러한 쏠림 현상으로 인해 인문학과 기초과학의 인기가 줄어들고 입지가 좁아질 우려가 있다. 이를 방지하기 위해 인문학 및 기초과학의 중요성을 지속적으로 강조하고, 해당 분야의 매력을 학생들에게 알리는 노력이 필요하다.

▣ 선발 기준의 공정성 확보

학교에 따라 전공을 자율적으로 선택하는 것이 아니라 성적순으로 결정하게 된다면, 원하는 전공에 들어가지 못하게 되고, 이는 무전공 제도 시행 목적에도 반하며 학생들의 중도 이탈 비율이 높아질 것이라는 우려도 있다.

따라서 체계적인 교육과정과 기초학문 육성이 필요하다. 그리고 진로 안내를 위한 진학 상담 및 진로탐색 프로그램 혹은 시스템 마련에 대한 구체적인 계획도 필요하다.

■ 교수확보 및 전공의 다양화 필요

컴퓨터공학과 등 첨단 학문의 경우 국내 최상위권 대학조차 교수 충원에 어려움을 겪고 있다. 15년 가까이 동결된 대학 등록금으로 인한 대학 재정난과 교수 처우 악화 때문이다. 이러한 입장에 대해 대학이 교원 부족을 호소할 것이 아니라 교원의 소속을 다양화하고 융합 과목을 신설하는 등의 노력을 기울여야 한다는 입장도 있다. 이러한 문제에 'JA 교원'이 대안으로 제시되기도 한다.

> ※ JA 교원이란,
> JA(Joint Appointment) 학과-학과, 대학-대학, 대학-산업체 공동 소속으로 임용하는 교원을 뜻한다.

다음 내용은 JA 교원에 대한 이해를 돕기 위해 제시한 국내 모 대학의 JA(Joint Appointment) 교원 인사운영세칙이다.

JA(Joint Appointment) 교원 인사운영세칙

제정 2024. 1. 4.

제1조(목적)
이 세칙은 ○○대학교(이하 "본교"라 한다) 「교원 인사 규정」 제2조 제5항에 따라 전임교원 중 Joint Appointment 교원(이하 "JA교원"이라 한다)의 인사관리 기준 및 운영에 관한 세부사항을 정함을 목적으로 한다.

제2조(용어의 정의)
JA교원이란 본교 전임교원으로서 학제간 교육 및 연구를 위하여 2개 이상의 학부(과) 또는 부서를 소속으로 임용된 교원을 말한다.

제3조(신규채용)

① JA교원을 신규채용할 경우에는 원소속 학부(과) 또는 부서와 참여 학부(과) 또는 부서 공동으로 "별지1"의 신청서를 작성하여 제출하여야 한다.

② JA교원을 신규채용하는 경우에는 그 임용 목적과 필요성을 검토하여 전임교원 신규채용에 관한 정원을 배정할 때에 반영하여야 한다.

③ 제1항의 경우에는 교원인사위원회의 심의와 총장의 승인으로 임용을 결정한다.

제4조(재직 교원의 임용)

① 재직 교원을 JA교원으로 임용하는 경우에는 원소속 학부(과) 또는 부서와 참여 학부(과) 또는 부서 공동으로 "별지2"의 신청서를 작성하여 제출하여야 한다.

② 제1항의 경우에는 교원인사위원회의 심의와 총장의 승인으로 임용을 결정한다.

제5조(소속 및 참여비율)

JA교원은 원소속 학부(과) 또는 부서와 참여 학부(과) 또는 부서에 인사발령하며, 참여비율 50:50의 역할 수행을 원칙으로 한다. 다만, 필요한 경우에는 학부(과)장 또는 부서장의 상호협의로 조정할 수 있다.

제6조(원소속 변경 및 철회)

① JA교원의 원소속을 변경 또는 철회하고자 할 때는 "별지2"의 신청서를 작성하여 제출하여야 한다.

② 제1항의 경우에는 교원인사위원회의 심의와 총장의 승인으로 결정한다.

제7조(승진 및 재임용)

JA교원의 승진 및 재임용, 승급에 관한 사항은 「교원 인사 규정」을 따른다.

제8조(업적평가)

JA교원의 업적평가는 「교원 업적평가 규정」을 따른다.

2 소단위 전공 개발 전략

이 절에서는 실제 학교 현장에서 소단위 전공을 개발할 때 적용할 수 있는 저자가 개발한 방법을 소개하고, 이를 명확하게 설명하여 소단위 전공개발에 도움을 주고자 한다. 소단위 전공의 개발 유형을 크게 네 가지로나누어, 각 유형의 특성과 예시를 통해 구체적으로 설명하겠다. 또한 교육공급자와 수요자에 따른 구분 및 학점 규모에 따른 분류도 함께 제시하여,소단위 전공 개발 전략을 보다 명확하게 이해할 수 있도록 돕고자 한다.

1) 소단위 전공 개발 유형

(1) 개발 유형에 따른 네 가지 분류

① 통합형 교육과정(기존 교육과정 간 통합형)

기존 교육과정 틀을 유지하면서 목표 달성을 위해 필요한 기존 교과목을 각 교육과정에서 선택·지정하여 통합한 것이다.

이를 통합형 교육과정이라 하는데, 제7장에서 살펴본 Fogarty의 10가지유형에 적용해 보면, '학문(교과) 내 통합'이라고도 부를 수 있으며, 단절형,연결형, 동심원형으로 조직할 수 있다.

통합형 교육과정은 기존 교육과정의 틀을 유지한다는 점에서 안정적이고 반발을 최소화하여 쉽게 접근할 수 있다는 장점이 있지만 융합교육의 취지를 살리지 못할 수도 있다는 것을 염두에 두어야 한다.

② 융합형 교육과정(기존 교육과정 융합형)

기존 교과목을 선택하되 이들을 서로 구별 없이 융합하여 새로운 전공을 만드는 것이다.

이 유형은 '학문(교과) 간 융합'이라고 할 수 있다. 즉, 빨간색과 파란색 물감을 완전히 섞어, 보라색을 만드는 것처럼 이 유형은 기존의 것을 융화하여 새로운 것을 만들어 내고, 그 시작 요소들을 더 이상 분리할 수 없는 상태로 만드는 것으로, 서로 중복되는 개념과 소주제들을 합치시켜 주제를 풍성하게 만들거나, 개념 혹은 아이디어를 재조직하여 새로운 교육과정을 만드는 것이 핵심이다.

③ 확장형 교육과정(기존 교육과정 + 신설 교과목)

기존 교과목을 선택하되, 이들을 구별 없이 융합하여 새로운 전공을 만드는 것이다.

$$A \ + \ \alpha \ = \ A\alpha$$

이는 주전공 학생들을 위한 '전공심화형 교육과정'으로 볼 수 있다. 기존 교육과정을 기반으로 새로운 학문적 영역을 포함시켜 확장된 전공 교육을 제공한다.

④ 신설형 교육과정(신설 교과목)

이 유형은 신기술 분야 또는 새로운 산업 분야의 교육과정을 개발하는 것을 의미한다.

$$\boxed{\alpha} + \boxed{\alpha} + \cdots = \boxed{\beta}$$

다음 자료는 모 대학의 '지식재산(IP)융합'이라는 새로운 분야의 소단위 전공 교과목 구성표이다.

교육과정명	학점	교과목
지식재산(IP)융합	9	공항속의지식재산
		트랜드기술비즈니스
		특허로보는전공기술

출처: 안양대학교 홈페이지.

해당 교육과정은 모두 새로운 교과목으로 이루어져 있으며, 이는 신설형 교육과정이라 할 수 있다.

(2) 교육공급자 · 수요자에 따른 구분

소단위 전공을 교육공급자와 교육수요자로 나누어 유형을 분류하면, ①, ②, ③, ④유형은 교육공급자에 의해 개발되고, 다음에서 설명할 ⑤ 자기설계형 교육과정은 교육수요자에 의해 개발되는 교육과정으로 분류할 수 있다.

'자기설계형 교육과정'에 대한 설명은 다음과 같다.

⑤ 자기설계형 교육과정

학생 자기설계형 교육과정은 Fogarty가 제시한 '학습자 내/간 통합'으로 외부의 개입 없이 학습자 내부에서 이루어진 통합교육과정이다. 학습자가 자신의 전문 분야 내에서, 그리고 여러 영역을 넘나들며 필요한 자원을 직접 탐구하여 학습을 설계하는 방식이다.

또한 자기설계형 교육과정에서 유념해야 할 점은 융합이 아닌, 통합이라는 점이다. 왜냐하면 학생 수준에서는 기존의 교과목을 선택·지정할 뿐 교과목을 새롭게 만든다는 것은 현실적으로 불가능하기 때문이다.

(3) 학점 규모에 따른 분류

소단위 전공은 대학 현장, 학술 논문 등에서 마이크로·나노디그리 등으로 불린다. 사전적 정의를 살펴보면, 마이크로(micro)와 나노(nano)는 국제단위계이며, 마이크로는 100만분의 1을 의미하고, 나노는 10억분의 1을 나타내는 단위로, '마이크로디그리'보다 작은 학점으로 운영되는 소단위 전공 과정을 '나노디그리'로 부른다.

학교마다 다르지만, 보통 마이크로디그리는 12학점 내외를 나노디그리는 9학점 내외를 개발하여 운영하고 있다.

용어 사용의 유래

사실, 처음의 나노디그리는 학습 내용을 세분화하고 기간을 단기화해, 학습 내용을 기업으로부터 인증받는 제도를 뜻하였다. 미국 온라인 공개강좌 기업인 유다시티(Udacity)가 기업의 요구를 반영해 6개월 내외로 운영하는 학습 과정을 가리키는 용어로 쓰였다. 우리나라는 교육부가 제4차 산업혁명 등 미래를 대비하고자 하는 성인이 언제, 어디서나 필요한 직무능력을 선택하여 단기간에 습득할 수 있는 한국형 나노디그리 시범운영계획을 2017년 11월 7일에 발표하면서 '나노디그리'라는 용어를 사용하였다.

출처: 한국형 나노디그리 홈페이지(www.knano.kr).

2) 모듈형 교육과정 개발 방식

학교 현장에서 소단위 전공(Micro Major)을 개발하는 방법으로 자주 소개되는 방식 중 '모듈형 방식의 교육과정 개발'이 있다.[3] 이 절이 소단위 전공 개발 전략을 소개하는 절이기 때문에 이 모듈형 방식의 교육과정 개발이 무엇인지 간략히 살펴보도록 하겠다.

먼저, 모듈형 방식의 교육과정 개발을 이해하기 위해 '모듈'의 개념을 탐색해 보자.

'모듈'의 사전적 정의는 "어떠한 물체나 형태의 기본 치수 단위를 말하며, 하나만으로 존재하는 것이 아닌 여러 유닛이 결합하여 나타나거

---

3) 건국대학교, 덕성여자대학교, 배재대학교 등을 비롯한 많은 대학이 '모듈형 교육과정 개발'이란 용어를 통해 새로운 교육과정 개발을 대내외적으로 홍보하고 있다. 하지만 이 모듈형 방식이 무엇인지 그 개념을 명확히 소개한 경우를 찾아보기 어렵다.

나 일정한 구조로 되어 있는 것"을 의미한다. 건축학에서 모듈은 건축의 기준척(奇峻尺)이라든가 유수(流水)의 정량을 표시하는 말로 라틴어의 'Modulus'[4]가 어원이며, 치수를 구체적으로 체계화하여 설계, 재료, 생산, 시공 등에 사용하는 것을 Modular Coordination(MC)이라고 하며, 이는 수학에서 율(率) 혹은 계수(係數)로 번역되기도 한다.

이러한 모듈이 교육 현장에서는 어떠한 개념으로 정의되는지 살펴보자. 먼저, 교수 · 학습에서 사용되는 '모듈'의 정의를 살펴보면 〈표 9-1〉과 같다.

〈표 9-1〉 교수 · 학습에서의 모듈에 대한 학자별 정의

학자	정의
박진욱, 이정희, 한윤정(2021)	자족적이고 완결적인 학습용 수업 단위이며 전체 교육과정의 구성 요소
박필원(2021)	일정 이상의 학점을 가지는 교육 단위
Nation & Macalister (2010)	학습의 과정, 교육과정의 단위
Richard (2002)	수업의 단위

출처: 이재창(2022).

교수 · 학습에서의 모듈 역시 학습 혹은 교육과정의 단위를 의미하는 것으로 확인되었다.

---

4) 라틴어 'Modulus'는 '작은 측정 단위', '크기', '비율' 또는 '척도'를 의미한다. 'Modulus'는 'modus'에서 파생되었으며, 'modus'는 '측정', '방식', '방법'을 의미한다(출처: Oxford English Dictionary).

다음으로 모듈을 연구한 문헌들 속의 정의를 통해 교육과정에서의 모듈의 의미를 탐색해 보자.

- 모듈이란 공학에서 파생된 말로, 가구, 전자기기, 컴퓨터 등에서 쓰이며 모듈은 독립적인 구성 및 단계별 작업 수행이 용이하다는 특징을 가진다(민옥순, 2004).
- 모듈이란 프로그램 내부에서 기능에 따라 구분한 영역별, 또는 기계, 시스템을 구성하는 각각의 단위이다(박준범, 2017).
- 모듈을 완결된 교육의 단위로 보았다. 모듈을 수업의 자료, 수업의 단위로 보아 차시 수업도 여러 개의 모듈로 구분하는 일이 가능하다고 생각하였다(박필원, 2021).
- 모듈은 그 자체로 분절적이며 독립적이기 때문에 수업에서 단위로 분절하여 학습이 가능하다(박진욱 외, 2021).
- 모듈을 포함한 수업이 교육과정에도 포함되기 때문에 모듈 역시 교육과정의 작은 구성 요소가 된다(박진욱 외, 2021).

교육 현장에서 말하는 모듈의 특징을 정리하면 다음과 같다.

'교육과정의 작은 요소로 해석되며, 따라서 단계별 작업 수행, 즉 다양한 주제나 단원을 독립적으로 구성하기에 용이하고, 각각의 단위를 하나로 합쳐 좀 더 큰 단위의 완결된 교육의 단위인 교육과정의 작은 구성 요소로 작동하며 전체 교육과정의 일부분을 구성하는 것'으로 해석할 수 있다.

가구 분야에서는 모듈형 가구디자인이 있다. 모듈형 가구디자인으로 만들어진 대표적 소형 가구를 소개하면 [그림 9-3]과 같다.

[그림 9-3] **모듈형 가구의 사례 – Pebble Rubble 모듈러 소파**

이미지 출처: Pebble Rubble Modular Sofa by Front for Moroso

작은 요소, 요소들이 모여 하나의 가구를 이루었다. 이 작은 덩어리들은 여기저기 떼었다 붙이며 디자인을 변형하거나 인원수에 따라 이동해 사용하기 편해 보인다. 이것이 바로 모듈형 교육과정 개발 방식이라고 저자는 제안해 본다. 이는 제7장에서 살펴본 융합교육과정 이론 중 '학문(교과) 간 통합'을 의미한다고도 볼 수 있다.

이상과 같이 살펴본 결과 교육과정에서 말하는 '모듈'은 독립적인 학습 단위로 '교과' 혹은 '단일 주제'를 말하고, '모듈형 교육과정 개발'이란 '교육과정을 여러 개의 독립적이고 자족적인 학습 단위, 즉 모듈로 구성하는 교육과정 설계 방식'이라고 정의할 수 있다. 이러한 모듈은 각기 완결된 학습 주제를 다루며, 학생들이 필요와 관심에 따라 다양한 모듈을 선택하고 이수할 수 있도록 유연하게 구성되는 것이 특징이다.

모듈형 교육과정 설계의 주요 특징을 좀 더 자세히 살펴보면 다음과 같다.

🐶 모듈형 교육과정 설계의 주요 특징

첫째, 독립적인 학습단위

모듈은 각자 완결된 내용을 갖고 있어서 다른 모듈과 독립적으로 학습할 수 있는 특징이 있다. 이 때문에 학생들은 자신에게 필요한 모듈만을 선택해 학습할 수 있다.

둘째, 유연한 교육과정

모듈형 교육과정은 학생들이 개별 학습 목표에 맞춰 교육과정을 설계할 수 있도록 유연성을 제공한다. 예를 들어, 특정 전공 내에서 다양한 주제를 공부하고 싶은 학생은 해당 전공의 여러 모듈을 조합해 자신만의 학습 경로를 만들 수 있다.

셋째, 다양한 학문 융합 가능

모듈형 교육과정은 학생들이 여러 학문 분야에서 모듈을 선택해 융합형 학습을 할 수 있도록 장려한다. 이는 학문 간 통합을 촉진하고, 새로운 지식과 기술을 습득하는 데 도움을 준다.

넷째, 적응성

모듈형 교육과정은 교육 현장의 변화나 학생의 요구에 따라 쉽게 조정될 수 있다. 다시 말해 새로운 모듈을 추가하거나 기존 모듈을 갱신하여 교육과정을 최신 상태로 유지할 수 있다.

다섯째, 평가와 인증

각 모듈은 별도의 평가 기준을 가지고 있어야 하며, 학생이 모듈을 완료하면 그에 대한 인증이나 학점이 부여되는 체계를 이루어야 한다. 이는 학생이 학습한 내용을 공식적으로 인정받을 수 있도록 돕는다.

 적용 사례

예를 들어, 컴퓨터 과학을 전공하는 학생이 있다면, 기본적인 프로그래밍 모듈을 이수한 후, 데이터베이스, 인공지능, 소프트웨어 개발 등 다양한 특화된 모듈을 선택하여 자신만의 학습 경로를 설계할 수 있다. 이를 통해 학생은 특정 분야에 집중하거나, 다양한 기술을 습득하여 융합형 전문가로 성장할 수 있을 것이다.

제10장
융합교육을 위한 교수·학습의 변화

대학에서 융합교육이 확산되고 있는 이유는 지식 정보화 시대 혹은 글로벌 시대에 융복합적 지식과 역량이 요구되기 때문이다. 다양한 요소가 함께 뒤섞여 있는 문제를 해결해야 하는 현대사회에서는 위계적인 지식보다는 종합적이고 총괄적인 지식이 더 요구되며, 문제 전체를 총체적으로 바라보고 창의적 관점으로 해결할 수 있는 융복합적 사고와 역량이 필수적이라는 것이다(권성호, 강경희, 2008; 양수연, 이다민, 2019; 허영주, 2013). 그렇다면 이런 총괄적인 지식을 어떻게 하면 더 효과적으로 가르치고, 학습할 수 있을까?

일반적으로 융합교육을 위해서는 교수·학습 주체들 간에 협업과 소통이 중요하다. 따라서 융합교육을 위해 적용할 수 있는 교수·학습 방법으로 팀티칭과 프로젝트기반학습(Project Based Learning)이 일부 연구를 통해 제안된 바 있다(성은모 외, 2013; 임정훈, 진성희, 2017; 최지은 외, 2018).

따라서 이 장에서는 융합교육에 도움이 될 수 있는 교수·학습 방법에 대해 살펴보는데, 특히 팀티칭과 프로젝트학습법에 중점을 두어 이 두 교수방법이 융합교육에 어떻게 적용될 수 있는지를 소개하도록 하겠다.

1 융합교육을 위한 팀티칭 교수법

1) 팀티칭 교수법의 개념과 주요 특징

팀티칭(team-teaching)은 흔히 공동교수(co-teaching)나 협력교수 (cooperative teaching)와 비슷한 의미로 사용되며, 학자들마다 그 정의가 다양하다. Shaplin과 Olds(1964)는 팀티칭을 "두 명 이상의 교사가 동일한 학생들을 대상으로 수업의 전체 또는 중요한 부분을 함께 가르치고 책임 지는 것"이라고 설명했다. Bauwens와 Hourcade(1995)는 "교실 환경에서 서로 다른 분야에 전문성을 지닌 두 명 이상의 교사가 다양한 학습자를 교 육하기 위해 교수 과정을 공동으로 재구성하는 것"으로 정의했다. 정인성 과 이옥화(2001)는 "동일하거나 다양한 학습자 집단에게 질 높은 수업을 제공하기 위해 각자의 전문성을 지닌 두 명 이상의 교사가 교수 계획, 준 비, 실행, 평가를 공동으로 수행하는 것"으로 정의했다.

이러한 팀티칭은 다음의 특징을 가지고 있다.

① 팀티칭은 두 명 이상의 교수자가 공동으로 참여하여 함께 교수 · 학 습 활동을 수행해 나가는 수업방식이다.
② 팀티칭 활동을 수행하는 교수자는 상황에 따라 책임교수, 리더교수 의 역할을 맡을 수도 있고 협력교수나 보조교수, 혹은 지원 스태프로 참여할 수도 있지만, 누구든지 자신의 분야에 각자의 전문성을 갖고 참여하게 된다.

③ 팀티칭에서 교수자는 수업계획, 수업진행, 수업평가 등 일련의 교수
  학습 활동에 함께 참여한다. 즉, 팀티칭에 참여하는 교수자들은 함께
  수업을 기획, 설계 및 운영하며, 수업 결과를 확인하기 위한 평가에
  도 함께 참여하게 된다.

④ 팀티칭에서 교수자는 여러 명이 같은 학습자 집단을 가르칠 수도 있
  고, 여건에 따라 다른 학습자 집단을 가르칠 수도 있다. 즉, 최근 다
  양한 형태의 교수방법이나 학제적 접근이 가능해짐에 따라 동일한
  학습자 집단만이 아닌 상이한 학습자들을 대상으로도 가능한 방법으
  로 그 활용 영역이 확장되고 있다.

팀티칭은 다음의 장단점을 가지고 있다. 먼저, 장점을 소개하면 다음과
같다.

① 팀티칭은 전공 분야가 다양한 교수자들이 상호 협력적 활동을 수행
  하며 이로 인해 학생들은 많은 것을 배울 수 있다.

② 교수자는 팀티칭을 통해 수업을 설계, 개발하는데 공동의 협력을 통
  해 부담을 덜 수 있다.

③ 팀티칭에 참여하는 교수자들은 수업계획, 수업운영, 수업평가와 관
  련된 활동들의 개선을 위해 상호 간에 다양한 경험과 아이디어들을
  공유할 수 있기 때문에 수업을 보다 정교하게 설계하고 체계적으로
  운영하게 된다. 아울러 팀티칭은 학습을 위한 흥미와 동기를 유발할
  수 있다는 장점도 가지고 있다.

팀티칭은 가르치는 활동에 여럿이 함께 참여하는 활동이라는 점에서 공동의 이해나 상호협력이 부족할 경우 다음의 문제점들이 발생할 수도 있다.

① 교수자들 간의 의견 충돌이 발생할 수 있다. 팀티칭은 각 분야의 전문가들이 함께 참여하기 때문에 공동의 목표의식을 가지고 적극적으로 협조하지 않으면 이견이 발생할 가능성이 있다.

② 교과목 기획, 설계, 개발에 많은 시간과 노력이 요구된다. 여러 전문가들이 함께 참여하므로 합의와 자료 개발에 더 많은 자원이 필요하다.

③ 학습자들에게 혼란을 줄 수 있다. 교수자들 간의 철학이나 시각 차이로 인해 학생들에게 혼선을 초래할 수 있다.

④ 평가의 일관성과 공정성 문제로, 동일한 평가 기준이 없으면 공정성 문제가 생길 수 있다. 따라서 철저한 수업 설계와 체계적인 평가 기준 설정이 필요하다.

2) 팀티칭이 융합교육에 효과적인 이유

융합교육에 팀티칭을 적용하면 효과적인 이유는 다음과 같다.

첫째, 융합교육에서 팀티칭, 즉 협력 교수법을 활용하면, 전공 분야가 다른 두 명 이상의 교수자가 공동으로 참여하여 자신의 전문성을 발휘해 교수계획, 진행, 평가 등의 교수·학습 활동에 함께 참여하게 된다. 이를 통해 여러 전문가가 모여 단일 학문체계가 아닌 다양한 학문들로 구성된 교육내용을 재설계할 수 있으며, 여러 학문이 융합된 통합적인 교과목이나 교육 프로그램을 효과적으로 설계하고 운영할 수 있다는 장점이 있다.

둘째, 팀티칭은 교수자들이 다학제적 시각이나 융합적 관점에서 교과목을 설계, 개발, 운영할 수 있도록 도와준다. 대학에서 교수자는 자신이 탐구해 온 분야에서는 전문가일 수 있지만, 다른 분야에서는 비전문가일 수 있어 특정 문제를 다양한 시각이나 관점에서 바라보고 해결하는 데 한계가 있을 수밖에 없다. 그러나 다양한 분야의 교수자들이 함께 모여 공동으로 교과목을 개발하거나 특정 주제나 문제에 기반한 교육 프로그램을 협력적으로 개발하면, 자신이 갖지 못했던 학제적 시각이나 융합적, 통합적 관점을 가질 수 있게 된다. 이를 통해 융합수업을 효과적으로 운영할 수 있다.

셋째, 팀티칭은 학습자들이 통합적 관점에서 문제를 바라보고 융합적 문제 해결 능력을 향상시키는 데 도움을 준다. 융합교육의 근본 목적은 학습자들이 다양한 분야의 지식을 바탕으로 융복합적이고 통합적인 사고를 할 수 있도록 하는 것이라고 할 수 있다(이희용, 2011). 이처럼 학습자들의 융합적이고 통합적인 사고 능력 및 융복합적 문제 해결 능력을 향상시키기 위해서는 교수자가 사전에 체계적이고 전략적으로 교육내용을 기획하고 설계하여 제공해야 한다. 또한 다양한 관점에서 문제 해결이 가능한 융복합적 주제나 문제를 개발하고, 창의적으로 문제를 해결할 수 있도록 지원하는 것이 필수적이다. 이러한 활동을 교수자 개인이 수행하기는 어렵기 때문에, 팀티칭 교수법을 통해 여러 학문 분야의 전문가들이 함께 고민하고 공동으로 수업을 개발하고 운영할 필요가 있다.

넷째, 팀티칭은 오프라인과 온라인을 연계하거나 여러 공간에 있는 교수자들이 공동으로 참여하는 융합교육 방법으로 활용될 수 있다. 인터넷 기반의 온라인 수업이 도입된 이래, 팀티칭은 면대면 수업에서만 적용되는 교수 방법이 아니라, 이러닝과 스마트러닝과 같은 원격교육에서도 두 명 이상의 교수자가 협력하여 교수 활동을 수행하는 방식으로 주목받고 있다(이해듬, 남민우, 2018; 정인성, 이옥화, 2001; Collins et al., 1996).

3) 융합교육을 위한 팀티칭 모형 네 가지

융합교육은 교과목, 주제, 방법 등이 어떻게 융합되느냐에 따라 다양한 형태로 이루어진다. 이처럼 융합교육 유형이 다양하기 때문에 특정 유형에 따른 팀티칭 방법을 찾는 데 어려움이 있다. 여러 교사가 협력하여 학습자에게 보다 통합적이고 다양한 교육 경험을 제공하는 것을 목표로, 일찍이 Collins 등(1996)은 팀티칭 모형을 제시하였다. 이후에도 이들의 모형을 기반으로 여러 학자가 다양한 팀티칭 모형을 제시하였다.[1]

이 책에서는 팀티칭 운영에 대해 여러 학자가 제시한 다양한 모형을 재구조화하고, 특히 앞 절에서 언급한 팀티칭 운영의 단점인 상호협력이 모호하거나 부족할 때 발생할 수 있는 문제를 해결하는 데 도움이 되는 팀티칭 모형을 새롭게 제안하고자 한다.

(1) 리더-보조 교수 협력 팀티칭 수업 모형

이 모형에서 리더 교수자와 보조 교수자는 모두 융합수업의 설계, 개발, 운영, 평가에 참여하지만, 수업 전체를 조율하고 책임지는 역할은 리더 교수자에게 있다.

---

1) 국내 연구들로는 팀티칭 모형을 참여 교수자의 역할, 협력 프로세스, 교수활동 영역으로 구분한 정인성, 이옥화(2001), 임정훈, 진성희(2017), 임정훈(2020)의 연구들이 있다.

[그림 10-1]의 화살표는 각 역할 사이의 흐름을 보여 준다. 이 모델은 융합교육에서의 경험이 많은 교수자가 초보 교수자를 지도할 때 효과적으로 사용할 수 있다.

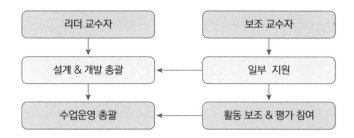

[그림 10-1] 리더-보조 교수 협력 팀티칭 수업 모델

리더 교수자는 융합수업의 전체 설계, 개발, 운영을 주도적으로 수행하며, 보조 교수자들은 설계와 개발 활동을 일부 지원하거나 수업 운영 시 다양한 활동을 보조하며 평가 활동에 참여해 리더 교수자를 도와준다. 또한 상황에 따라 적절한 피드백을 제공한다. 이 방식은 융합교육이나 팀티칭 경험이 풍부한 교수자가 경험이 적거나 새로운 수업을 시도해 보고자 하는 초보 교수자들을 이끌어 가며 다양한 조언과 안내를 제공할 때 활용할 수 있는 모형이다.

(2) 공동 설계-개별 실행 모델

이 모델은 여러 명의 교수자가 동등한 책임을 가지고 융합수업을 종합적으로 개발하고 설계하는 데 함께 참여한다. 이 모형의 특징은 교수자들이 개발 및 설계 활동을 공동으로 논의하고 참여하지만, 실제 수업 운영은 각 교수자가 개별적으로 하나씩 반을 맡아 전담하는 방식이다.

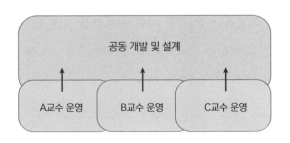

[그림 10-2] 공동 설계-개별 실행 모델

이러한 방식으로 융합수업을 개발하고 운영하면 교수자들이 동등한 자격으로 다양한 아이디어를 공유함으로써 교과 내용을 효과적으로 융합할 수 있고, 다학문적 접근이 가능한 교육 프로그램을 개발할 수 있다는 장점이 있다. 그러나 공동으로 개발하고 설계한 융합수업을 각각 따로 운영하기 때문에 수업 운영 과정에서 발생하는 문제를 교수자들이 공동으로 협의하여 해결하기 어려운 단점이 있다. 따라서 이 모형은 다학제적 접근에 익숙하지 않거나 팀티칭 경험이 적은 초보 교수자들보다는 어느 정도 경험이 있는 교수자들에게 도움이 될 수 있다.

(3) 교과 내용 분담형 모형

교과 내용 분담형 모형은 융합수업에 참여하는 교수자들이 수업내용을 분담하여 맡아 가르치는 형태를 의미한다. 일반적으로 15주차 대학 수업은 오리엔테이션이나 중간고사 및 기말고사 등을 제외하면 12주 내외로 진행되는데, 이 모형은 융합수업을 위하여 팀티칭 활동을 수행하는 교수자들이 함께 모여 주요 학문영역이나 주제별로 몇 주간의 강좌 내용을 각각 분담하여 수업내용을 개발하고 운영한다. 예를 들어, 네 명의 교수자가 공동으로 융합수업을 맡게 될 경우, 각 교수자는 [그림 10-3]과 같이 일부 내용을 분담하여 수업을 개발하거나 운영할 수 있다.

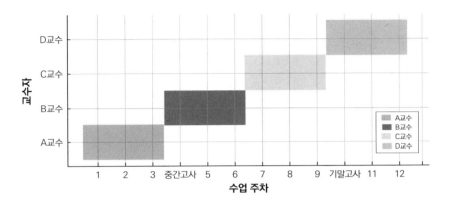

[그림 10-3] 교과 내용 분담형 모델[2]

(4) 이론-실습 분담형 모형

융합수업은 급변하는 미래사회에 필요한 복합적 능력을 함양하는 것을 목표로 한다. 따라서 단순히 이론 습득에 그치지 않고, 복합적 이론을 바탕으로 실제 복잡한 문제 상황에 직면하여 이를 해결하는 능력을 키우는 데 중점을 둔다. 이에 따라 융합수업 교수 방식을 이론과 실습으로 나누어, 참여 교수자들이 각자의 전문성에 따라 이론 담당과 실험실습 담당으

---

2) 한 학기 수업이 15주 차로 구성된 경우, 일반적으로 8주 차에 중간고사, 15주 차에 기말고사를 치른다. 하지만 '교과 내용 분담형 모델'에서는 4주와 10주(혹은 4주, 8주, 12주, 15주) 차에 시험을 치르는 방식으로 교육과정을 설계할 수 있다. 이 모델은 교수자별로 학문 영역이나 주제가 달라 교과 간 수업이 분절될 수 있다는 단점이 있다. 그러나 4주 차와 10주 차에 시험을 계획하면, 선수과목의 성취 목표 도달 여부를 즉시 확인할 수 있으며, 이를 바탕으로 다음 단계의 수업을 더 효과적으로 구성할 수 있다. 결과적으로 과목 간 연계가 강화되고, 학습자의 성취 여부를 빠르게 파악해 적절한 피드백을 제공함으로써 교과 간 분절을 방지하고 학습 효과를 극대화할 수 있다.

로 역할을 분담하여 진행할 수 있다. 이러한 이론-실습 분담형 모형은 각 교수자의 강점을 최대한 활용하여 학생들에게 더욱 효과적인 학습 경험을 제공할 수 있다.

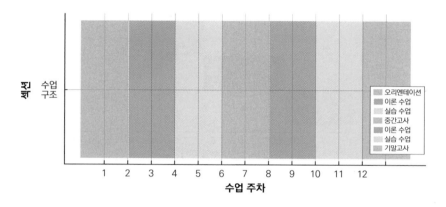

[그림 10-4] 이론–실습 분담형 모델

이상과 같이 원활한 융합교육을 위한 교수 · 학습 방법으로 팀티칭 모형을 살펴보았다.

팀티칭에 참여하는 교수자들은 다양한 분야의 전공 교수자로 구성되어 협력하여 교육과정을 개발하고 운영하다 보니 공동 작업 시 다양한 문제점이 발생할 수 있다. 이러한 문제점을 줄이기 위해서는 팀티칭에 참여하는 교수자들이 기본적으로 교육철학과 교육목적을 공유하고, 원활하게 의사소통을 유지해야 하며, 상호 신뢰를 바탕으로 수업 설계 및 운영에 대한 원칙을 함께 논의하고 합의할 필요가 있다는 점을 반드시 유념해야 한다.

2 팀티칭 기반 융합 프로젝트학습법

융합교육에서는 교육과정을 통하여 배우는 것보다는 실제로 과제를 수행하면서 얻는 경험을 더 중요시한다. 그 이유는 미래사회가 교육과정을 통하여 배우는 특정 지식보다는 기술 트렌드가 빠르게 변화하는 시대에 새로운 지식과 기술에 대하여 빠르게 대응하고 흡수하는 적응 능력을 요구하기 때문이다. 더구나 제4차 산업혁명 시대인 미래사회에는 배운 것을 적용하여 결과를 창출해 내고, 이를 통해 개인 삶의 질 향상은 물론 국가 발전에도 기여해야 한다는 목적의식을 두고 있고, 이러한 요구 속에서 배운 방식은 당장 필요한 지식을 직접 적용하면서 습득하도록 하는 것이기 때문에 융합교육에서 필요한 교수방법 중 하나가 바로 프로젝트학습(Project Based Learning)법이라 하겠다.

1) 프로젝트학습법의 이해

프로젝트학습법은 학습자들이 실제적이며 복합적인 질문과 주의 깊게 설계된 결과물인 프로젝트를 중심으로 지식과 기술을 학습하게 되는 체계적인 교수방법이다(Markham et al., 2003). 프로젝트학습 환경에서 학습자들은 실제적인 과제에 노출되기 때문에 유의미한 지식을 습득함으로써, 습득한 지식을 일상생활에 보다 쉽게 적용할 수 있다(김대현, 1998; 장선영, 이명규, 2012).

프로젝트학습법의 주요 특징은 다음과 같다.

첫째, 프로젝트학습법은 최종 산물인 프로젝트를 중심으로 학습활동과 다양한 상호작용이 이루어진다.

둘째, 성공적인 프로젝트 수행을 위해서는 프로젝트 참여 학습자들의 선행지식과 경험이 필요하며, 프로젝트의 크기 및 유형 등에 따라서 학습내용, 진도 등이 학습자에 의해 조절될 수 있다.

셋째, 프로젝트학습법에서는 학습자들이 타 학문 분야의 지식들이 자유롭게 통합되는 것을 경험할 수 있을 뿐만 아니라, 다양한 이론적인 지식들이 그것을 필요로 하는 실제적인 활동에 적용되는 것을 경험할 수 있다.

넷째, 프로젝트학습법에서는 학습자의 관심과 흥미를 유발할 수 있는 프로젝트를 통해 학습자의 능동적 참여를 이끌어 낼 수 있다.

프로젝트학습은 융합인재 역량들이 골고루 발현되거나, 계발될 수 있는 환경을 제공한다. 즉, 프로젝트학습은 학습자들이 프로젝트를 수행하는 과정을 통해서, 자신의 전공 분야의 지식을 실제적으로 적용할 뿐만 아니라, 팀동료를 통해서 타 학문 분야의 새로운 지식을 접함으로써, 자신의 학문에 접목시킬 수 있는 기회를 가질 수 있다.

2) 팀티칭 기반 융합 프로젝트학습법 적용 방법

융합교육의 목표를 달성하기 위해서는 산업체에서 해결해야 하는 실제 프로젝트를 도입하는 것이 효과적일 수 있다. 이러한 융합 프로젝트를 수행함으로써 학생들은 엔지니어의 창의적인 문제 해결 과정에서의 인지적 활동을 유사하게 체험할 수 있다. 이를 위해 산업체 강사진은 과거에 수행했거나 현재 진행 중인 프로젝트의 주제, 규모, 유형 등을 고려하여 대학 교수와 협력함으로써 학습자가 학습 목표를 달성할 수 있는 융합 프로젝트를 개발하는 것이 바람직하다. 즉, 이를 산-학 팀티칭 프로젝트 수업이라 할 수 있다.

산-학 팀티칭 프로젝트 수업의 성공 여부는 엔지니어의 실제 업무 맥락을 교실 환경 또는 실험실 환경으로 어떻게 가져올 수 있느냐에 달려 있다. 대학의 교육 환경은 엔지니어의 실제 작업 현장과 동일하지 않기 때문에, 교수와 산업체 실무자는 융합 프로젝트의 규모, 수행 기간, 가용자원 등을 면밀하게 고려하여 현실성 있는 융합 프로젝트를 개발해야 한다.

산업체 실무자의 참여에 의한 융합 프로젝트 개발이 이상적이지만, 교육 환경 및 기타 여건의 지원이 어려울 경우 교내 팀티칭 교수진이 융합 프로젝트를 개발한 후 산업체 실무자에게 타당성 검토를 요청할 수 있다. 이때 교수들은 개인의 연구 주제에 맞추어 융합 프로젝트 주제를 개발하기보다는 산업 현장에서의 실제적인 요구를 반영한 융합 인재 양성에 초점을 둔 산-학 융합 프로젝트 주제를 개발해야 한다.

또한 융합 프로젝트 수행에 대한 교수 및 학생 참여가 보다 적극적으로 이루어지기 위해서는 실제로 연구비가 제공되는 융합 프로젝트를 수업에 적용하는 것을 고려해 볼 수 있다. 이는 교수와 학생 모두가 프로젝트에 더욱 몰입하고, 실질적인 결과를 도출할 수 있도록 돕는다.

융합교육에서 프로젝트 기반 학습법을 효과적으로 적용하기 위해서는 산업체와의 긴밀한 협력, 현실적인 프로젝트 개발, 교육 환경의 조정 등이 중요하다. 학습자는 이론과 실제를 융합하는 경험을 통해 더욱 창의적이고 실무적인 역량을 키울 수 있다.

3) 팀티칭 기반 융합 프로젝트학습법 수업 설계 및 전략

팀티칭 기반 융합 프로젝트학습 수업 설계는 다음과 같은 요소로 구성
된다.

(1) 강의식 수업 설계

프로젝트 수행 중 학습자들이 부족한 전공 지식과 기술을 보충하기 위
해 필요시 강의식 수업을 제공한다. 교수진은 개강 후 학습자 수준을 파악
해 강의내용과 제공 여부를 조정하며, 프로젝트 중간과제 및 최종과제 수
행에 필요한 핵심 지식과 기술을 강의식 수업을 통해 지원한다.

- 학생들이 타 전공 관련 지식과 기술이 부족하여 바로 프로젝트 수행이 어
  려울 수 있다. 이럴 경우에는 강의식 수업을 통해 핵심 지식과 기술을 강의
  식 수업을 통해 지원한다.
- 1주차 수업에서 수강생 대상 학습자 분석 실시: 설문조사 또는 간단한 질
  문을 통하여, 학생들의 다양한 전공, 학년, 선수과목 수강 정도, 관심사 등
  을 파악하여 융합 프로젝트를 성공적으로 수행할 수 있도록 팀을 구성하
  고, 학생들의 수준, 경험 등을 고려하여 기존에 설계한 수업내용을 수정 ·
  보완한다.
- 융합프로젝트 주제 소개 Tip
  1주차 수업에서는 학습자 분석을 실시하며, 수업과 융합 프로젝트 주제를
  학생들에게 소개한다. 책임 교수는 팀티칭 기반 융합 프로젝트 중심 교수
  학습 과정을 안내하면서, 학생들이 한 학기 동안 기본적으로 숙지해야 할
  사항들을 설명한다. 대부분의 학생이 프로젝트 수업에 대한 경험이 있겠

지만, 다양한 전공의 학생들이 한 팀을 이루어 프로젝트를 수행하는 과정에서 발생할 수 있는 어려움, 지원 체계, 평가 체계 등을 명확히 안내하는 것이 필요하다. 또한 가능한 산업체 실무자가 융합 프로젝트의 주제를 소개하여 엔지니어의 실제 업무 현장을 생동감 있게 전달할 수 있도록 한다. 대학 교수와 산업체 실무자로 구성된 교수진이 수업 내용과 융합 프로젝트에 대해 체계적으로 소개하는 것은 학생들에게 학습 동기를 부여하는 중요한 시간이 될 수 있다. 1주차 수업 후 학습자 분석 결과를 바탕으로 준비 단계에서 설계된 수업 내용과 융합 프로젝트 주제를 변경할 수 있다. 즉, 교수진은 학생들의 사전 지식 및 기술 수준이 융합 프로젝트를 수행하기에 충분하지 않거나, 융합 프로젝트 수행에 필요한 환경이 준비되지 않은 경우 주제를 수정 및 보완하여 2주차 수업에서 이를 안내한다.

- 대학 교수진은 융합 프로젝트 수행에 있어 학습자들이 반드시 알아야 할 내용을 중심으로 강의를 진행하며, 필요에 따라 수시로 강의식 수업을 제공할 수 있다. 기업체 강사진은 융합 프로젝트가 실제로 수행되는 업무 맥락과 관련 실무 지식을 중심으로 강의한다. 또한 교수진은 프로젝트와 관련된 전문가나 실무자를 초청하여 세미나 등을 개최할 수 있다. 그러나 외부 전문가 초청 세미나는 기존 수업 내용과 융합 프로젝트와의 연계성과 수준을 면밀히 고려하여 사전에 계획하는 것이 필요하다. 이는 프로젝트 수행 상황을 고려하지 않은 세미나나 포럼이 오히려 프로젝트 수행에 필요한 시간을 낭비하게 할 수 있기 때문이다.

(2) 팀(교수자 간) 의사소통 채널 설계

여러 교수자가 참여하는 팀티칭 수업에서 일관된 수업 제공을 위해 교수진 간 원활한 의사소통 채널을 마련한다. 이를 통해 수업 운영의 체계성을 보장하고, 발생한 문제를 효과적으로 해결하여 학습 목표를 달성한다.

정기적 및 비정기적 회의를 통해 수업 관련 사항을 논의하고, 결정된 사항
을 학생들에게 명확하게 전달한다.

> ● 학습자 분석결과 도출된 학습자 특성을 고려하여, 팀을 구성한다. 융합프
> 로젝트중심수업의 목적을 달성하기 위해서는 학습자 특성을 고려하여 융
> 합프로젝트 팀이 다양한 배경, 지식, 경험 등을 갖고 있는 학생들로 구성될
> 수 있도록 한다. 교수진-팀 매칭은 교수진 및 팀의 구성 형태, 교수진의 핵
> 심 연구내용, 학습자 수준 등에 따라 여러 가지 유형의 매칭이 가능하지만,
> 1개 팀에 대한 담임 교수시스템을 도입하여, 융합프로젝트 수행 시 학생들
> 이 겪게 되는 애로사항이 신속하게 파악될 수 있도록 한다.

(3) 피드백 체계 설계

산업체 실무자의 참여를 통해 학습자들이 실제 업무 환경을 경험하고,
전문가의 피드백을 받을 수 있도록 한다. 이는 학습자들이 형식지뿐만 아
니라 암묵지(전문가의 노하우)를 습득할 수 있는 기회를 제공한다. 팀티칭
교수진과 학습자 프로젝트팀 간의 정기적 회의를 통해 원활한 피드백을
제공한다.

> ● 학생들이 융합프로젝트 수행에 필요한 지식 및 기술과 관련하여 어려움을
> 경험할 때, 관련 전문성을 보유한 교수진이 해당 팀에게 컨설팅을 제공할
> 수 있도록 준비단계에서 학습자 지원체계를 미리 마련해 놓아야 한다.

(4) 학습자 활동 지원 도구 개발

학습자들이 성공적으로 과제를 수행할 수 있도록 지원 도구를 준비한다. 예를 들어, 사업계획서 작성이 중간 과제인 경우 실제 업무에서 작성된 샘플을 제공하여 학습자가 현장을 이해하고 지식을 적용할 수 있도록 지원한다. 또한 프로젝트 주제와 수행과정을 안내하는 프로젝트 안내서를 개발하여 학습자에게 제공함으로써 프로젝트 활동에 대한 이해를 돕는다.

- 학생들은 팀별로 미팅을 위한 자료 준비, 회의록 작성, 발표자료 작성 등과 같은 업무를 수행함으로써 자신들의 프로젝트 수행 진척 사항을 정기적으로 작성 및 보고한다.
- 교수자들은 교수진-팀의 정기적 미팅 시간에 학생들의 프로젝트 진척사항을 확인할 수 있을 뿐만 아니라, 학생들이 미처 생각하지 못했던 핵심 사항을 질문을 통해 이끌어 내고 이에 대한 피드백을 제공하여, 학생들이 문제 상황에 대한 인식과 더불어 문제해결책을 도출할 수 있도록 도와주어야 한다. 또한 교수자들은 팀 간 또는 팀 내 상호 경쟁의식을 의도적으로 촉진하거나 자극할 수도 있다. 그러나 이것은 학생들 사이에서 긍정적인 결과를 기대할 수 있는 상황에서 가능하다.

(5) 평가체계 설계

학기 초에 중간평가 및 최종평가에 대한 가이드라인과 평가 기준을 제공하여 학생들이 팀별 프로젝트를 원활하게 수행할 수 있도록 한다. 평가항목은 프로젝트 자체, 팀별 프로젝트 진척도, 팀원 참여도, 보고서 작성, 프레젠테이션 스킬 등을 포함한다. 산업체 강사진이 참여하는 평가는 학생뿐만 아니라 교수진에게도 실무 현장을 이해하는 기회를 제공한다.

● 융합프로젝트의 특성상 기업체 실무자가 특별하게 주안점을 두고 제안하는 평가항목이 추가될 수 있다. 이때, 교수진은 학생들의 프로젝트 최종 결과물이 융합프로젝트를 제안한 기업체 또는 산업분야에서 실제적으로 적용될 수 있는지의 여부를 재차 검토함으로써 프로젝트 결과물의 타당성을 높인다. 그리고 이러한 평가방법 및 평가준거는 반드시 학기 초에 학생들에게 안내가 이루어져야 한다.

이와 같은 요소를 통해 융합교육에서 프로젝트 기반 학습법을 효과적으로 적용할 수 있으며, 학습자들은 이론과 실제를 융합하는 경험을 통해 더욱 창의적이고 실무적인 역량을 키울 수 있다.

제11장

융합교육과정 개발 사례

　이 장에서는 국내외에서 시행되고 있는 다양한 융합교육과정 개발 사례를 살펴볼 것이다. 이를 통해 융합교육과정이 어떻게 개발되고 운영되는지 구체적으로 이해할 수 있을 것이다.

1　국내 사례

대전대학교 융합교육이수체계 D-SPEC

- 대전대는 대전형(Daejeon-DJU) 지역정주 인재양성을 위한 공통기초(S), 융합핵심(P), 융합전문(E), 융합실무(C)로 융합교육 이수체계를 마련함으로써 D-SPEC 융합전공 이수과정을 수립하여 융합교육을 운영하고 있다.

융합실무(C) (Co-op based job training curriculum)	특성화 세부 분야의 지역산업·직무 현장에서 실제 학습경험을 제공하는 현장 확장(실습)형 교과목을 의미함

융합전문(E) (Expertise microdgree curriculum)	특성화 세부 분야별로 전공 간 융합적 문제해결을 통해 통합형 학습경험을 제공할 수 있는 전문가(심화) 교과목을 의미함

융합핵심(P) (Path-finding core curriculum)	특성화 세부 분야별 핵심(예: 휴먼터치, 헬스케어)으로 특성화 융합인재 양성을 위한 핵심 교과목으로서 학생 주도의 참여·체험형 수업을 실행함

공통기초(S) (Student-centered foundational curriculum)	특성화 인재양성유형 전체 분야(예: 휴먼터치, 웰니스, 헬스케어 인재양성) 공통적인 기초이론, 융합전공 탐색, 입문 등의 교과목을 의미함

- 대전대가 융합교육의 일환으로 추진하는 마이크로디그리과정 현황은 다음 표와 같다.

(2024년도 기준)

특성화 분야	마이크로디그리 과정명	특성화 분야	마이크로디그리 과정명
휴먼터치 웰니스 헬스케어	헬스케어 플랫폼	로컬 혁신 크리 에이터	도시브랜딩광고기획
	AI 웰니스 디자인		지역문화콘텐츠상품개발자
	웰니스푸드산업		도시공공디자인
	한방코스푸드산업		실감콘텐츠개발자
	바이오GMP		지역문화1인미디어콘텐츠개발자
	시니어헬스케어		지역문화콘텐츠PD
	퍼스널헬스케어		지역이벤트기획자
	임상시험코디네이터실무		
	시니어커뮤니티케어		
	재난심리지원		

• 운영은 다음과 같은 방법으로 하고 있다.

  - 온라인 신청: 통합정보시스템을 통한 학생 본인 직접 신청으로 접수

  - 신청 대상: 해당 학과(전공) 소속 재학생 및 타 학과(전공)소속 재학생 모두

  - 마이크로디그리 교과과정을 이수하고자 하는 자는 2학기 이상 이수한 후 매 학기 일정 기간 내에 신청

※ 대전대학교 홈페이지, 언론사 홍보자료 일부 발췌

한동대학교 교육 체제

한동대학교는 개교 1년 후인 1996년부터 전국 최초로 '신입생 100% 무전공무학부 입학'을 시행해 왔다. 신입생 전체를 무전공으로 선발해 2학년 진급 시 성적에 상관없이 원하는 전공을 선택하도록 한다.

◈ 한동대학교 교육제도 특징

• 100% 무전공 입학
 - 1학년 전원 기초 교양교육을 담당하는 '글로벌리더십학부'에 소속
 - 1년간 자유로운 전공 탐색

• 자유로운 전공 선택 및 변경 허용(무제한)
 - 2학년 진급 시 학생 선호와 진로 계획에 따른 전공 자율 선택
 - 학생 전공 선택권 100% 인정(인원, 성적, 문이과 등 제한 없음)
 - 졸업 이전까지 제한 없는 전공 변경 허용

• 복수전공 이수 원칙
 - 학생의 융복합 역량 함양 목적
 - 23년 기준 재학생의 82%가 복수전공을 이수하며 총 397개 전공 조합 운영
 - 전공 쏠림 현상 완화 및 일정 균형 유지
 - 인문 → 이공(38~40%), 이공 → 인문(15%)

◆ 융합전공 운영 형태

구분	이수학점	형태
인증	6	Nano Degree(인증) Micro Degree(인증)
	9	
	12	
	15	
부전공	21	
전공	33+33	복수전공 (학부 내 인접 전공 이수)
		연계전공 (학부 외 전공 이수)
		모듈형
		학생설계
	45+33	복수 심화 전공
	60/66	단수(심화) 전공

복수전공(복수/연계전공)
동일 학부 또는 타 학부의 2개 전공 이수

모듈형설계전공
12학점 단위로 구성된 모듈 교육과정 3개를 선택하여 전공 교육과정으로 이수

학생설계융합전공
최소 세 가지 이상의 주제를 융합해 새로운 전공을 스스로 설계하여 이수

글로벌 융합전공(영어)
최소 두 가지 이상의 주제를 융합해 영어 100% 교과목으로 새로운 전공을 스스로 설계하여 이수

◆ 한동대학교의 학부 및 전공

한동대학교는 다음과 같이 13개 학부 33개의 전공을 가지고 있는데, 이 중 많은 수의 전공이 융합교육과정으로 이루어진 것을 확인할 수 있다.

이공계열

공간환경시스템공학부
건설공학전공
도시환경공학전공

기계제어공학부
기계공학전공
전자제어공학전공

생명과학부
생명과학전공

창의융합교육원
글로벌융합전공
수학통계전공
학생설계융합전공

콘텐츠융합디자인학부
시각디자인전공
제품디자인전공

IT융합대학

전산전자공학부
컴퓨터공학전공
AI컴퓨터공학심화전공
전자공학전공
전자공학심화전공
Information Technology*

ICT창업학부
ICT융합전공
Global Entrepreneurship
　　전공
AI Convergence &
　　Entrepreneurship 전공

AI융합교육원
AI융합전공
데이터사이언스전공

인문사회계열

경영경제학부
경영학전공
경제학전공
Global
　　Management*

국제어문학부
국제지역학전공
영어전공

법학부
한국법전공
US & International
　　Law 전공*

상담심리사회복지학부
상담심리학전공
사회복지학전공

커뮤니케이션학부
공연영상학전공
언론정보학전공

창의융합교육원
글로벌융합전공
학생설계융합전공
글로벌한국학
　　(한국어교육)
글로벌한국학
　　(한국언어문화)

*100% 영어수업 전공　　※1학년이 소속된 글로벌리더십학부(기초 교양교육 담당) 제외

※ 한동대학교 홈페이지

서강대학교 학생자기설계전공

◆ 학생자기설계전공

- 학생이 스스로 교육과정을 구성하여 학교의 인정을 받은 후 전공을 이수하게 되는 새로운 개념의 전공과정
- 학생설계전공 이수를 희망하는 4학기 이상의 학부생은 관심 분야의 학생설계전공 교과과정(2개 전공 이상, 54학점 이상)을 편성하여 학사지원팀에 신청서를 제출하고, 제출한 교육과정이 전공과정으로 인정받았을 경우 이를 추가 전공(2, 3전공)으로 이수할 수 있음
- 학과 및 교학위원회의 최종 승인을 받은 설계전공 학점 중 필수과목은 반드시 이수하여야 하며, 총 36학점 이상을 이수하여야 전공 인정을 받을 수 있음

◆ 학생자기설계전공 운영 방법

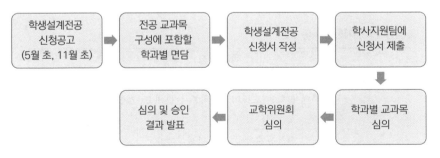

- 신청대상: 4학기 이상의 학부생
- 신청시기: 매년 5월 초와 11월 초, 전공변경 기간에 전공신청 및 변경 안내와 함께 학교 홈페이지를 통해 공지됨

- 신청절차: 전공신청 시 2개 이상의 전공으로 구성된 54학점 이상의 교과과정을 편성하고, 이를 바탕으로 학생설계전공신청서를 작성하여 학사지원팀으로 제출
- 심사절차: 설계전공 신청사유, 전공명의 적합성, 전공에 부합된 교과목 구성 등을 심의하여 설계전공 승인 여부를 결정함(학과별 과목 승인 및 교학위원회 승인 절차를 거침)
- 결과통보: 7월 말 및 1월 말경에 심사 결과 개별 통보

◈ 학생 후기

▌**금융공학 학생설계전공에 대한 소개**

　안녕하세요. 저는 수학, 경제학 및 금융공학을 전공하고 있는 김○○입니다. 제가 이수하고 있는 학생설계전공은 금융공학(Finance Engineering)입니다. (…중략…) 금융공학은 경제학, 경영학, 수학, 컴퓨터공학의 융합학문입니다. 경제학에서 경제적 사고방식, 경제학원론, 시장경제와 공정거래 관련된 과목 등은 경제현상과 금융시장의 변화를 분석하는 데 필요한 경제학의 기본지식을 배울 수 있습니다.

▌**금융공학 설계전공 과목 구성**

과목 구성		
수학	필수	통계학입문, 확률론입문, 금융수학, 실해석학1, 고등미적분학1, 고등미적분학2, 선형대수, 계산수학및실습, 미분방정식, 다변수함수
	선택	응용통계학및실습, 실해석학2
경제학	필수	계량경제학1, 금융경제학, 파생상품시장
	선택	미시경제학1, 수리통계학, 금융계량
경영학	필수	회계학원론, 재무관리, 투자론, 선물옵션투자론
	선택	금융리스크관리, 기업리스크관리

▎설계전공을 신청하게 된 계기

　제가 수학 단일 전공으로는 습득하기 힘들었던 융합강의를 수강할 수 있는 것이 학생설계전공의 매력입니다. 저희 수학과에서도 이미 다양한 분야에서 활동하고 계신 선배들이 계시고 학생들도 각자 다른 다양한 꿈을 가지고 있지만 학생설계전공을 통해 저는 제가 관심 있는 분야에 대해서 표출할 수 있고 또한 그 분야에 대해 한 발짝 더 다가간다고 느꼈기 때문에 학생설계전공을 신청하게 되었습니다. 신청서류를 준비하면서 더욱 제 전공의 확신이 생겼고 타 전공의 과목을 수강할 수 있는 점 또한 매력으로 다가와 저는 작년 5월에 신청하게 되었습니다.

※ 서강대학교 홈페이지, 서강대 학생설계전공가이드북(2015).

성균관대학교 C-school 융합기초 프로젝트

❖ 융합기초 프로젝트 C-school 소개

'융합기초 프로젝트'를 통해 길러 내려는 인재는 '개방형 창의융합 인재'이다. 이는 전공 세계에만 갇히지 않고, 글로벌 또는 지역사회 문제를 공감하고, 다양한 배경을 가진 사람들과 협력하여 창의적이고 혁신적인 방법으로 문제를 해결할 수 있는 역량을 지닌 인재이다. 자유롭고 창의적인 발상을 유도하기 위해 학점을 부여하지 않고 약 2개월에 걸쳐 진행된다. 개방적 태도와 융합 역량을 기를 수 있도록 '다학제(interdisciplinary) 기반 팀'을 구성하고, 전문성과 창의 역량을 함양하기 위해 문제를 중심으로 하는 '프로젝트 학습'을 실시한다. 협력적 태도, 공동체 정신, 책임감을 높이기 위해 '협동학습'을 하도록 설계되었다.

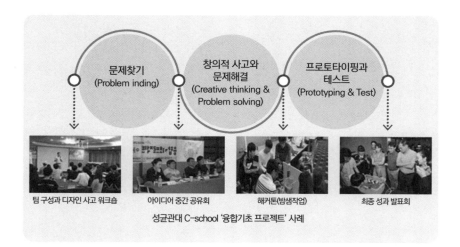

성균관대 C-school '융합기초 프로젝트' 사례

◈ 융합기초 프로젝트 C-school의 네 가지 전략

① 팀을 만들어 프로젝트를 수행한다. 다양한 지식과 경험의 융합이 일어나도록 모든 참여 팀은 3개 학과 이상의 학생으로 구성한다. 성별, 학년, 사전 학습경험 등을 고려하여 최대한 다른 배경을 가진 학생들이 함께 학습할 수 있는 환경을 제공한다. 최근에는 다른 대학 재학생과 연합팀을 만들기도 한다.

② 스스로 문제를 발견하도록 한다. 기존 프로젝트 학습이 주로 주어진 문제를 해결하는 방식이라면, '융합기초 프로젝트'는 참여자가 스스로 문제를 찾아내어 해결하는 방식이다. 이 과정에서 '디자인 사고(design thinking)'를 적용하여, 문제의 공감부터 창의적 문제해결 프로세스를 경험하도록 하고 있다.

③ 참여자들은 문제의 탐색부터 해결까지 모든 과정을 '아이디어북(Ideabook)'에 기록한다. 프로젝트 수행 과정에서 이를 반성적으로 되돌아보는 경험을 한다. 프로젝트 운영자들은 참여 학생들이 서로의 지식과 경험을 역동적으로 교환하는 협동 학습이 이루어지도록 의도적으로 학습 환경을 조성해 나간다(Scaffolding).

④ 참여자들이 문제해결 과정에서 대학의 교수뿐만 아니라 다양한 전문가들을 만나도록 권장한다. 아이디어 공유회와 최종 성과발표회를 통해 대중 앞에서 발표하는 경험을 가진다.

※ 성균관대학교 홈페이지, 행복한 교육(2018. 5월호).

2   해외 사례

> ### 미국 NSF(National Science Foundation)의 Convergence Accelerator 프로그램

◀▶ Convergence Accelerator 프로그램[융합연구]

NSF[1]의 Convergence Accelerator 프로그램은 융합연구를 통해 사회적 도전과제를 해결하는 것을 목표로 한다. 이 프로그램은 인문 중심 디자인, 사용자 발견, 과학, 다학문적 연구 통합과 같은 혁신적 방법을 적용한다.

◀▶ 트랙[2] 주제

- 트랙 K – 공정한 물 해결책: 환경과학, 지구과학, 공학, 컴퓨팅, 사회 및 행동 과학을 바탕으로 물의 품질, 양, 형평성 문제 해결
- 트랙 L – 실생활 화학 센싱 응용: 에너지 효율적이고 휴대 가능한 생물학적, 화학적 센서 개발
- 트랙 M – 생체 모방 설계 혁신: 자연에서 영감을 받은 기술 개발

---

1) 미국 50개 주와 미국 영토에서 과학 및 공학을 지원하는 독립적인 연방 기관이다.
2) 특정 연구 초점에 부합하는 주제를 '트랙'이라고 한다.

프로그램 단계

NSF의 Convergence Accelerator 프로그램은 2단계로 프로그램에 참여
할 수 있는 기회를 제공한다.

- **1단계**: 융합연구 아이디어 개발 및 파
  트너십 식별(최대 $750,000, 12개월)
- **2단계**: 연구 결과를 실제로 전환하여
  프로토타입 및 지속 가능성 계획 개발
  (최대 $5백만, 36개월)

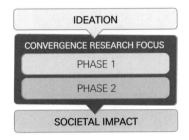

아이디어 도출 프로세스: 주제 식별

Convergence Accelerator 연구 주제는 아이디어 도출 과정에서부터 시
작되며, 제출된 주제 아이디어는 다음 요구 사항을 모두 충족해야 한다.

- 기술 범위가 넓어야 한다.
- 사회에 영향력을 끼칠 수 있어야 한다.
- 기초 연구를 기반으로 한다.
- 다학제적, 융합적 연구 접근 방식에 적합해야 한다.

아이디어 발전

프로그램의 기준을 충족하는 아이디어는 NSF의 커뮤니티 워크숍의 자
금을 지원받는다. 이 워크숍은 융합 연구를 통합하기 위한 아이디어를 더
욱 발전시키고 구체화하며, 학계, 산업계, 비영리 단체, 정부 및 기타 실무

커뮤니티의 다양한 전문가들과 다
양한 분야의 이해 관계자 간의 협
업을 촉진하기 위해 마련된다. 이
워크숍의 결과는 NSF가 다음 해
에 자금을 지원할 최종 융합 연구

트랙 주제를 개발하는 데 중요한 역할을 한다.

◈ 융합 커리큘럼

각 융합 연구 단계에는 협업을 강화하고 파트너십을 촉진하며 기초 연구를 영향력 있는 설루션으로 전환하도록 설계된 커리큘럼이 포함된다.

• 1단계: 혁신 커리큘럼

혁신 커리큘럼은 팀이 초기 아이디어를 증명하고 발전시키도록 돕기 위해 설계되었다. 커리큘럼에는 다음이 포함된다.

- 사용자 발견: 최종 사용자를 식별하여 문제 검증, 인사이트 제공 및 프로토타입에 대한 피드백을 받는다.
- 인간 중심 디자인: 최종 사용자와의 상호작용을 통해 저충실도(low-fidelity) 프로토타입을 개발하고 테스트하는 방법을 배운다.
- 팀 과학: 다양한 팀을 통합하여 비전을 개발하고 공통 목표에 집중한다.
- 커뮤니케이션: 파트너 및 기타 이해 관계자와의 상호작용을 통해 팀 아이디어의 영향을 증가시키고 피드백을 수용한다.
- 코칭 및 멘토링: 팀이 커리큘럼을 마스터하고 기업가 정신을 이해하며

아이디어를 현실로 가속화할 수 있도록 가이드를 제공한다.

- 피칭: 스토리텔링과 커뮤니케이션을 통해 도전 과제와 설루션의 가치를 다양한 이해 관계자(잠재적 파트너, 투자자, 최종 사용자 등)에게 전달한다. 팀은 커리큘럼 전반에 걸쳐 피칭 연습을 하며, 공식 피칭은 1단계 말에 진행된다.

- 공공 엑스포: Convergence Accelerator는 연례 엑스포를 개최하여 프로그램의 프로젝트 포트폴리오를 대중, 잠재적 투자자 및 기타 이해 관계자에게 선보인다. 팀은 자신들의 설루션을 시연하고 새로운 파트너십을 개발할 기회를 가진다.

• 2단계: 아이디어-시장 커리큘럼

아이디어-시장 전환 커리큘럼은 기업가적 사고방식과 기술을 발휘하고 자금 지원을 받는 각 프로젝트가 잠재력을 최대한 발휘할 수 있도록 설계되었다. 커리큘럼에는 다음이 포함된다.

- 코칭 및 멘토링: 멘토십은 계속되고 각 팀의 요구 사항에 맞게 긴밀하게 조정된다.
- 피칭: 기술을 계속 연습한다.
- 지속 가능성: 설루션의 가장 큰 영향을 보장하기 위해 지속 가능성 계획을 개발한다.
- 제품 사고방식: 설루션 개선을 지원하기 위한 기술이 제공된다.
- 기타 기업가적 기술: 팀이 설루션을 실제 적용으로 발전시키는 데 도움이 되는 재정적 경로 및 리소스가 제공된다.

- 공개 엑스포: Convergence Accelerator는 매년 엑스포를 개최하여 프로그램의 프로젝트 포트폴리오를 대중, 잠재적 투자자 및 기타 이해 관계자에게 선보인다. 팀은 설루션을 시연하고 새로운 파트너십을 개발할 수 있는 기회를 갖게 된다.

출처: National Science Foundation
(https://new.nsf.gov/funding/opportunities/nsf-convergence-accelerator-phases-1-2-2023-cohort)

미시시피주립대(MSU) 장애인 신기술 개발 융합 프로젝트

MSU는 전 세계적으로 약 13억 명의 사람들이 장애를 겪고 있다는 사회적 문제를 해결 과제로 삼고, 적응형 주행 장비를 통합한 가상 현실 모델을 통해 장애인을 위한 새로운 독립 주행 기술을 개발하겠다는 연구주제로 국립과학재단(NSF)의 Convergence Accelerator 프로그램에 지원하여 750,000달러를 지원받게 되었다.

이 팀은 행동 심리학, 재활 상담, 인간 중심 컴퓨팅, 자율 주행 차량 등의 현장 전문가들과 MSU의 컴퓨터 과학 및 공학과 조교수인 James Jones, 상담, 교육 심리학 및 기초학과 조교수 Lalitha Dabbiru, Center for Advanced Vehicular Systems의 조교수 Kris Geroux, 미시시피 재활 서비스부의 보조 기술 책임자들을 공동 PI로 하여 다학제적 융합 프로젝트를 시행하였다.

NSF의 기술, 혁신 및 파트너십 담당 부국장인 Erwin Gianchandani의 인터뷰

"학제간 활용 기반 연구는 장애인이 직면한 일상적인 문제에 대한 새로운 설루션을 가속화할 수 있는 엄청난 잠재력을 제공합니다."라고 NSF의 기술, 혁신 및 파트너십 담당 부국장인 Erwin Gianchandani는 말했습니다. "컨버전스 액셀러레이터의 트랙 H를 통해 우리는 학계, 산업, 비영리 단체 및 기타 커뮤니티를 아우르는 다양한 관점과 전문 지식을 모아 설루션을 제공하고 가장 필요로 하는 사람들에게 기회를 열어 주고 있습니다."

MSU 팀은 향후 9개월 동안 자율 주행 기술과 관련된 연구의 격차를 식별하고, 주요 이해 관계자와의 파트너십을 개발 및 공식화하고, NSF 프로그래밍에 참여할 것이다. 이 연구에서 수집된 정보는 그들이 개발하고 장애인을 위해 프로토타입을 만드는 독립 주행 솔루션에 정보를 제공할 것이다. 9개월이 끝나면 MSU는 공식 2단계 제안에 참여하고 프로젝트를 계속하기 위해 최대 500만 달러의 추가 자금을 유치할 예정이다.

MSU는 2022년 NSF Convergence Accelerator 코호트의 Track H: 장애인을 위한 기회 증진 프로그램의 일환으로, 장애인의 경제적 기회를 확대하고 삶의 질을 향상시키기 위해 사용자 중심의 솔루션을 지원하는 데 힘쓰고 있다. 융합 연구 트랙의 일환으로 선정된 다른 대학으로는 하버드, 코넬, 노스웨스턴, 스탠퍼드 및 뉴욕 대학이 있다.

다빈치 코더스(DaVinci Coders)

다빈치 연구소는 1997년 세계적인 미래학자인 Thomas Frey에 의해 설립되었다. 제4차 산업사회의 급속한 첨단기술 변화에 능동적으로 대응 가능한 교육의 체제 전환을 강조하면서 2012년 미국 콜로라도주 최초로 첨단기술과 전문지식을 배우고 일자리를 얻을 수 있는 3개월 과정의 마이크로 칼리지(Micro College)인 다빈치 코더스 과정을 개설하였다.

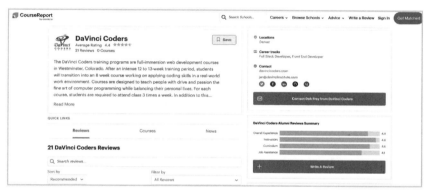

출처: https://www.coursereport.com/schools/davinci-coders

다빈치 코더스 과정을 운영하고 있는 이 연구소에서는 직무교육과정을 이수한 학습자에게 첨단융합형 교과목을 정해진 기간에 선택적인 학습을 진행하고 학사학위로 마이크로디그리를 발급해 주었다. 이 과정은 루비 온 레일즈(Ruby on Rails), 자바스크립트(JavaScript), 스위프트(Swift)/iOS, 게임 개발 등에 관한 교과목으로 11~13주 정도 진행되고, 최종적으로 1,000시간의 교육과정을 이수하면 자격심사를 거쳐 최종적으로 학위인증을 제공하는 시스템이다.

마이크로 칼리지의 마이크로디그리 인증을 수여받은 학습자에게는 다양한 혜택이 제공되는데 그 내용은 다음과 같다.

- 마이크로디그리의 인쇄용 PDF 졸업장
- 웹사이트 등에서 활용할 수 있는 디지털 학사배지(digital badge) 제공
- 마이크로디그리 온라인(on-line) 확인 데이터베이스(database) 등록
- 교육과정을 이수한 학습자의 교육프로그램 및 학점 인정을 확인할 수 있는 성적증명서

다빈치 코더스 제도의 두드러진 특징은 기업과 학습자의 요구를 반영하여 첨단 융합 기술을 신속하게 교육하는 점이다. 이 프로그램은 취업 역량 기반의 교육과정으로, 4년제 대학의 정규 학위보다 훨씬 짧은 기간 안에 다양한 학습 경험을 제공하며, 학습자의 역량에 맞춘 직업 세계로 빠르게 진입할 수 있도록 돕는다. 또한 이 제도는 일반 정규 대학의 학점과 연계 가능한 미니 학위로 구성되어 있어, 세계적으로 큰 주목을 받았다.[3]

다빈치 코더스의 교수·학습 방법은 강의실 이론 수업과 병행하여 현장 중심의 팀 프로젝트 수업을 진행함으로써 학습자의 능력개발에 중점을 두었으며, 실제 첨단시술과 전문 지식 기반의 교육으로 취업 연계 및 필요한 분야의 최고의 전문가 양성을 위한 맞춤식 경험의 기회를 제공해 주었다.

---

3) 현재는 문을 닫은 상태로 더 이상 학생을 받지 않거나 프로그램을 운영하지 않지만, 학교 홈페이지에서 과거 정보와 DaVinci Coders 졸업생 리뷰는 계속 볼 수 있다.

유다시티(Udacity)

유다시티(Udacity)는 온라인 공개 수업[Massive Open Online Course: MOOC(무크)]  업계에서 '선택과 집중' 마케팅을 가장 잘 펼치고 있는 기업이다. 설립 초기에는 경쟁업체인 코세라(Coursera)나 에덱스(Edx)와 별반 다름없이 대학 강의를 제공하면서 성공했지만, 이후 온라인 환경에 특화된 강의와 인공지능, 자율주행차 같은 독특한 주제에 집중하면서 입지를 넓히며, '실리콘밸리의 대학'이라고 불리고 있다.

유다시티는 Sebastian Thrun, David Stavens, Mike Sokolsky가 2011년에 만든 서비스이다. 모두 스탠퍼드 대학교 교수 출신으로, 특히 Sebastian Thrun 공동 설립자는 CEO로서 유다시티의 핵심 강의와 기업 방향을 이끌었다. 현재 Sebastian Thrun은 유다시티 CEO 자리에서 물러났지만, 여전히 유다시티 파트너십을 이끌고 유다시티가 운영하는 컨퍼런스나 대담에서 패널로 자주 등장하고 있다.

유다시티는 설립 후 얼마 지나지 않은 2012년, 2천만 달러(약 222억 원) 규모의 투자를 유치한다. 그러면서 본격적으로 수익구조를 만들기 시작했다. 그 핵심에는 2014년 6월 출시된 '나노디그리(Nanodegree)'라는 프로그램이 있다.

유다시티의 나노디그리는 오로지 취업을 위한 기술 교육 과정을 운영한다. 프론트엔드 웹 개발, 데이터 분석, 통합 웹 개발, 기초 프로그래밍 과정, 머신러닝, VR개발자 과정 등이 포함되어 있다. '디그리(degree)'라는 말에서 보듯, 나노디그리는 대학 수업을 듣는 것처럼 다양한 프로젝트와 숙제를 수강생에게 부과한다.

2016년에는 '나노디그리 플러스'라는 서비스를 출시하기도 했다. 나노디그리 플러스는 나노디그리 프로그램보다 10만 원 정도 더 비싼, 한 달 평균 비용이 299달러이다. 그 대신 '캐리어 서비스' 팀이 수강생을 관리해 준다. 직업센터 웹페이지를 만들어 인터뷰 노하우나 취업 용어를 검색하도록 돕기도 한다. 유다시티는 나노디그리 플러스 수강생이 6개월 안에 취업을 못하면 수업료를 100% 환불해 준다.

나노디그리는 현재 유다시티의 핵심 교육 서비스 모델로 성장했다. 이전에 공개했던 무료 강의들은 모두 나노디그리를 수강하기 위한 선수 과목으로 활용하고 있다. 나노디그리가 유난히 관심을 받았던 가장 큰 이유는 강사에 있다. 유다시티에서는 '구글 개발자가 직접 알려 주는 안드로이드 개발', '페이스북 개발자가 알려 주는 R 데이터 분석' 등의 강의를 볼 수 있다. 분량이 짧은 강의는 일부 무료로 제공되고, 긴 강의는 대부분 유료이다. 이 외에도 트위터, 오토데스크, 몽고DB, 엔비디아, AT&T 소속 관계자들도 유다시티를 통해 강의를 제공하고 있다. 이를 통해 구직자는 업계에서 필요한 기술을 보다 쉽게 배우고, 기업은 자신들에게 필요한 인재를 사전에 교육시키는 효과를 얻을 수 있다.

유다시티는 최근 들어 머신러닝 교육 과정을 특히 강조하고 있다. Sebastian Thrun 설립자는 2016년 5월 한국에서 열린 기자간담회에서 "유다시티는 머신을 더 똑똑하게 해 주는 곳이 아니라 사람을 더 똑똑하게 만드는 곳"이라며 "인공지능을 단순히 소비하는 게 아니라 (교육을 통해서) 인공지능을 창조하도록 도울 것"이라고 말했다. 실제로 설립자인

Sebastian Thrun 자신이 가장 오랫동안 가르치고 자신 있는 분야가 인공지능이기 때문에, 앞으로도 유다시티에는 다양한 인공지능 강의가 개설될 것으로 보인다.

기업용 서비스 개발에도 한창이다. '유다시티 포 비즈니스(Udacity for Business)'는 기업 전사 교육을 실시할 때 활용하는 서비스이다. 유다시티 포 비즈니스를 이용하는 기업은 유다시티의 모든 강의를 무료로 듣고, 오프라인 워크숍도 받을 수 있다. 동시에 취업준비생과 기업을 연결해 주는 서비스도 제공받는다. 현재 삼성, 구글, IBM, 벤츠, 엔비디아 등이 이 서비스를 이용 중이다.

UDACITY 코리아는 MS, Google, IBM, Intel, BMW 등 세계적인 기술을 보유하고 있는 기업들과 제휴하여 각 기업의 실무진으로 구성된 전문가들이 직접 강의를 개발하고 진행하는 것은 물론 수강생들에게 1:1 멘토링을 제공하고 있다. 공식 홈페이지에 소개된 프로그램을 보면 다음과 같다.

출처: https://udacitypartner.com/

제12장

융합교육과정 개발자의 역할과 책임

이 책의 마지막 장에 이르렀다. 지금까지 우리는 교육과정 개발의 기본 원리와 융합교육과정의 중요성에 대해 논의해 왔다. 이제 마지막으로, 융합교육과정을 설계하고 실행하는 데 있어 개발자가 담당해야 할 역할과 책임에 대해 깊이 있게 성찰하고자 한다.

융합교육과정 개발자는 단순히 교육을 제공하는 역할에 머물지 않고, 교육의 혁신을 주도하고, 미래를 이끌어 갈 인재를 양성하는 데 있어 핵심적인 역할을 담당한다는 것을 인식해야 한다. 그리고 교육과정의 설계는 학생들이 빠르게 변화하는 현대 사회에서 요구되는 역량을 기를 수 있도록 철저히 준비된 것이어야 하며, 이는 개발자의 깊은 통찰력과 책임감에서 비롯된다는 것을 인지해야 한다.

따라서 이 장을 통해, 융합교육과정 개발자가 어떤 자세로 임해야 하는지, 그리고 어떻게 그들이 설계하는 교육과정이 학생들의 잠재력을 최대한으로 이끌어 낼 수 있는지를 다시 한번 강조하고자 한다. 이는 단순한 책임 이상의 소명이며, 미래 교육의 방향을 결정짓는 중요한 역할이다.

1　융합교육 졸속? 거품?

　한국대학교육협의회(2022)가 국내 대학들의 융합교육 현황에 대해 조사한 자료에 의하면, 융합학과의 신설과 폐과 현상이 매우 심하게 발생한 것으로 나타났다.

　〈대학알리미〉에 공시된 고등교육기관(대학, 대학원, 전문대, 기능대학)의 융합학과 자료를 분석한 결과에 따르면, 〈표 12-1〉과 같이 신규 개설된 융합학과의 수와 증가율은 2019년 903개, 2020년 1,170개(29.6%), 2021년 1,309개(11.9%), 2022년 1,392개(6.3%)로 증가했다. 반면에 폐과되는 융합학과의 수와 증가율도 2019년 337개, 2020년 398개(18.1%), 2021년 542개(36.2%), 2022년 722개(33.2%)로 증가했다.

〈표 12-1〉 고등교육기관의 최근 융합학과 개설과 폐과 현황

연도	개설수(증가율, %)	폐과수(증가율, %)	폐과율(%)
2019	903	337	–
2020	1,170(29.6)	398(18.1)	44.1
2021	1,309(11.9)	542(36.2)	46.3
2022	1,392(6.3)	722(33.2)	55.2

출처: 한국대학교육협의회(2022).

　이를 그래프로 나타내면 [그림 12-1]과 같다.

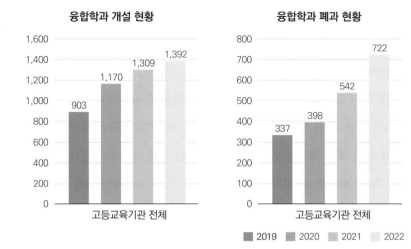

[그림 12-1] 고등교육기관별 연도별 융합학과 개설 및 폐과 현황 그래프

대학 현장에서는 융합학과 설립의 과열 붐과 함께 융합학과가 빠르게 개발되었으나, 폐과되는 속도도 매우 빠른 것으로 나타났다. 이를 좀 더 자세히 살펴보면, 해가 지날수록 개설되는 융합학과의 증가율은 둔화되는 반면, 폐과되는 융합학과의 증가율은 오히려 증가하고 있다. 이는 졸속적인 개발로 인해 내실을 갖추지 못한 융합학과들이 학생들로부터 외면받았기 때문으로 해석할 수 있다.

2　국내 융합교육의 문제점과 개선방안

고등교육 현장에서 융합교육을 실현하기 위해 많은 노력을 기울이고 있음에도 불구하고, 여전히 다음과 같은 문제점들이 드러나고 있다.

- 외형적으로만 융합교육의 간판을 내걸고 실제 교육내용은 융합교육의 취지와 맞지 않거나, 졸속으로 개설된 융합학과들이 높은 폐과율을 보이며 실패하는 경우가 많다.
- 또한 학과 간, 대학 간의 장벽이 높아 융합교육이 원활하게 진행되지 않고, 주입식 및 암기식 교육을 받아 온 학생들이 융합적인 교육을 설계하고 수용할 수 있는 학습 역량과 마인드가 부족하다는 점도 문제로 지적되고 있다.
- 이와 더불어 대학의 행정적 및 재정적 지원이 지속되지 않아 학생들이 어려움을 겪는 상황도 발생하고 있다.

이러한 문제들은 융합교육의 성공적인 정착을 위해 해결되어야 할 과제로 남아 있다.

3 융합교육 실현을 위한 과제와 전략

정부와 대학 차원에서 지속적인 재정적, 정책적 지원이 요구되며, 융합연구에 대해 개방적이고 능동적이며 유연한 태도를 가져야 한다. 미국, 핀란드, 싱가포르 등에서 오랫동안 대학에서 융합교육을 발전시켜 온 정책과 모델을 적극적으로 참고할 필요가 있다. 미국에서는 대학 졸업생의 상당수가 융합전공을 이수할 정도로 융합교육이 보편화되어 있으며, 이는 미국의 연구력 기반이 되고 있다. 핀란드 정부는 교육 혁신의 일환으로 융합교육을 강조해 많은 대학에서 다양한 융합학과와 학부를 설립하고 있다.

대학은 융합교육을 대학교육의 새로운 패러다임으로 적극 수용하고, 이를 교육목표에 반영해야 한다. 융합교육에 대해 교수와 학생들이 보다 개방적이고 혁신적인 사고를 갖도록 해야 하며, 고등학교 교육과정에서도 융합적 사고와 학습의 필요성과 중요성에 대한 교육을 확대해야 한다.

대학의 융합교육 과정은 학습자의 내적 성장에 중점을 둔 명확한 목적과 목표를 설정하고, 철저하게 구성되어야 한다. 현장과 연계된 실제 문제나 프로젝트를 중심으로 현장 중심적, 학생 중심적인 교육과정을 마련해야 한다.

또한 대학의 학과 중심주의 문화를 혁신해야 한다. 4차 산업혁명 시대를 맞아 빠르게 변화하는 지식 환경에 대응하기 위해, 대학은 조직과 교육과정을 신속히 재편할 수 있는 자율성을 가져야 하며, 이를 위해 정부는 규제를 완화하고 대학의 자율성을 확대해야 한다.

마지막으로, 개발되는 융합교육과정은 내용 자체가 높은 질을 유지해야 한다. 교육과정 설계는 학습자의 잠재력을 극대화할 수 있도록 체계적으로 구성되어야 하며, 프로그램 내 포함된 내용은 최신의 정보와 산업 현장에서 요구되는 신기술 및 역량을 반영해야 한다. 이러한 융합전공을 이수함으로써 학생들이 실제로 전공능력이 향상되고, 대학 졸업 후 취업에 실질적인 도움이 될 것이라고 판단하여 자발적으로 참여할 수 있을 만큼 매력적인 교육과정이어야 한다.

4 결론

융합교육은 단순히 학문의 경계를 넘는 것 이상의 의미를 지니며, 미래 사회를 이끌어 갈 창의적 인재를 양성하기 위한 필수적인 요소이다. 이를 실현하기 위해서는 정부와 대학, 그리고 학생 모두가 혁신적인 자세로 변화와 도전에 대응해야 할 것이다. 특히 융합교육은 다양한 학문 분야를 유기적으로 통합하여 복잡한 문제를 해결하는 능력을 키우는 데 중점을 두고 있어, 학습자의 창의성과 융합적 사고를 배양하는 데 중요한 역할을 한다.

그러나 교육과정은 학생들에게 직접 적용되는 실천적이고 종합적인 특징을 가지고 있기 때문에, 부실하게 개발된 교육과정이 그대로 적용될 경우 그 피해는 고스란히 학생들에게 돌아간다. 이는 학생들의 학습 효과 저하와 교육의 질적 하락으로 이어질 수 있으며, 더 나아가 미래 사회에서 요구하는 인재 양성에 실패할 위험을 내포하고 있다. 따라서 교육과정 개발 시에는 충분한 시간과 자원을 투입하여 내실 있는 프로그램을 마련해야 한다.

결론적으로, 융합교육의 중요성을 인식하고 이를 성공적으로 정착시키기 위해서는 체계적이고 철저한 준비와 노력이 필요하다. 학생들의 미래를 책임질 교육과정 개발에 있어서 절대 졸속으로 진행되어서는 안 되며, 교육 혁신을 위한 전통적 이론과 새로운 접근 방식을 균형 있게 적용하는 것이 중요하다. 이를 통해 융합교육이 진정한 의미에서 학문 간 경계를 넘어서며, 창의적이고 유능한 인재를 양성하는 데 기여할 수 있을 것이다.

　이 책의 여정을 마무리하며, 독자 여러분이 융합교육과정 개발자로서의 역할을 다시금 되새기고, 앞으로의 여정에서 그 책임을 충실히 이행할 수 있는 영감을 얻기를 바란다. 융합교육의 발전은 우리의 미래를 밝히는 열쇠이며, 여러분의 손끝에서 그 미래가 시작될 것이다.

194

[부록] 자주 찾는 Q&A

Q 교과 간 연계를 할 때 어느 정도까지를 범위로 잡아서 수업을 할 수 있는지 궁금합니다.

A 융합교육에서 시도할 수 있는 융합의 정도는 다양하게 생각할 수 있습니다. 단순한 물리적 결합에서부터 완벽하게 녹아드는 화학적 결합까지 모두 가능합니다. 융합교육의 속성상 화학적 결합을 지향하지만, 전공별 교과별 상황에 맞게 다양한 시도가 가능합니다. 이때 기억할 것은 학생들에게 실생활 문제를 문제 상황으로 제시하여 학생 스스로 해결하도록 하는 '학생중심 운영'이라는 융합교육의 방향성입니다. 따라서 교과 간 융합이라면 일부만 융합되어도 융합교육에 부합한다고 볼 수 있습니다.

Q 학생들이 새로운 융합교육과정을 부담스러워하여 별로 반기지 않는 것 같습니다. 학생들의 참여 동기를 높일 수 있는 방법이 있을까요?

A 학생들의 참여 동기를 높이기 위해 다음과 같은 방법을 고려해 볼 수 있습니다.
1. **명확한 목적과 기대 설정**: 융합교육과정을 통해 학생들이 얻을 수 있는 이점과 학습 목표를 명확히 설명합니다.
2. **실제 사례와 성공 경험 공유**: 이전 학생들이 참여한 융합교육 프로젝트의 성공 사례와 경험을 공유합니다.

3. 작고 접근 가능한 프로젝트부터 시작: 처음부터 큰 프로젝트보다는 작고 접근 가능한 프로젝트로 시작하여 학생들이 점차 자신감을 가질 수 있도록 합니다. 작은 성공 경험은 학생들의 자신감을 높이고 더 큰 도전에 도전하도록 동기를 부여할 수 있습니다.

4. 학생 주도의 학습 환경 조성: 학생들이 직접 주제를 선택하고 프로젝트를 계획하며 실행할 수 있는 자율성을 부여합니다. 자신의 관심사와 연결된 주제는 학생들의 참여도를 높이는 데 효과적입니다.

5. 적극적인 피드백과 지원: 학습 과정 중에 교사로부터 적극적인 피드백과 지원을 받도록 합니다. 학생들이 어려움을 겪을 때 도움을 받을 수 있다는 확신은 참여 의지를 높이는 데 도움이 됩니다.

6. 보상과 인정: 프로젝트 완료 후 학생들의 노력을 인정하고 보상합니다. 발표회, 포상, 학점 인정 등 다양한 형태의 보상을 통해 학생들의 성취감을 높입니다.

7. 기술과 도구 활용: 디지털 도구와 온라인 플랫폼을 활용하여 학습 자료에 쉽게 접근하고, 프로젝트를 효율적으로 관리할 수 있도록 합니다. 기술의 활용은 학생들의 흥미를 유발하고 참여를 촉진합니다.

이와 같은 방법들을 통해 학생들의 참여 동기를 높이고, 새로운 융합 교육과정에 대한 부담을 줄이며, 적극적으로 참여하도록 유도할 수 있습니다.

융합교육과정을 진행하면 팀 기반의 프로젝트 수업으로 진행해야 해서 시
간 부족으로 진도에 차질을 빚고, 이론을 전달하는 데 비효율적이지 않을
까요?

 질문의 내용은 융합수업과 진도를 별개로 생각하기 때문에 발생하는
문제입니다. 수업 중에 융합교육을 자연스럽게 진행하면 되는데요.
단, 수업의 내용을 바탕으로 강의식 수업이 적당하다고 판단되는 경
우에는 강의식으로 진행하는 것이 낫고, 융합수업이 적당할 경우 그
에 맞게 수업을 설계하면 수업 진도가 늦춰지는 일은 없을 것입니다.

참고문헌

강갑원(2015). 융합인재교육의 원류, 변천 및 그 정체성의 탐색. 영재와 영재교육, 14(2), 5-29.

강영돈(2023). 마이크로디그리의 도입과 교양교육의 발전 방향 모색. 인문사회21, 14(3), 2443-2452.

교육과학기술부(2011). 실과(기술·가정) 교육과정. 교육과학기술부 고시 제2011-361호 [별책 10].

교육부(2015). 초·중등학교 교육과정 총론 교육부 고시 제2015-74호 [별책 1]. 서울: 교육부.

교육부(2022). '22~'24년 대학혁신지원사업 기본계획.

권성호, 강경희(2008). 교양 교육에서의 융합적 교육과정으로의 접근: 한양대 사례를 중심으로. 교양교육연구, 2(2), 7-24.

김대현(1998). 초등학교에서 실시하는 프로젝트 학습의 계획과 운영에 관한 평가 연구. 교육과정연구, 16(2), 297-327.

김대현, 김석우(2005). 교육과정 및 교육평가. 서울: 학지사.

김성숙(2011). 미술·과학 교과가 융합된 교수학습방안. 경인교육대학교 대학원 석사학위논문.

김승호, 박일수(2020). 통합교과의 이론과 실제. 경기: 교육과학사.

김시정, 이삼형(2012). 융복합 교육의 양상에 대한 국어교육적 접근. 국어교육학연구, 43, 125-153.

김지연, 김신혜, 양지웅(2020). 융합수업에 대한 현직교사의 인식-융합수업의 개념, 어려움 및 지원방안을 중심으로. 학습자중심교과교육연구, 20(12), 373-400.

김지현(2009). 학생설계전공의 교육목적과 운영방향: '전공설계' 교과목개발 연구보고서. 서울대학교 자유전공학부.

김태은, 이재진, 우연경(2017). 창의·융합형 인재 양성에 대한 교육계 내·외부의 견해 비교. 한국교육학연구, 23(2), 157-190.

김태형(2015). Ken Wilber의 통합모형(AQAL)을 적용한 융합교육과정의 함의. 인천대학교 대학원 박사학위논문.

김희정, 오헌석, 김도연(2013). 융합인재 양성 교육과정의 설계원리 및 작동 메커니즘 분석. 아시아교육연구, 14(2), 75-107.

김혜영(2013). 융합교육의 체계화를 위한 융합교육의 방향과 기초융합교과 설계에 대한 제언. 교양교육연구, 7(2), 11-38.

민옥순(2004). 모듈형 웹자료를 활용한 자기주도적 학습력 향상. 전남대학교 교육대학원 석사학위논문.

박경선(2014). 공학교육에서의 팀티칭 기반 융합프로젝트 중심 교수학습모형의 개발. 공학교육연구, 17(2), 11-24.

박준범(2017). 학습자중심 모듈형 의사소통교육의 수업 모형과 실제. 대학작문, 22, 51-84.

박진욱, 이정희, 한윤정(2021). 해외 한국학/한국어교육 확산을 위한 모듈형 온·오프라인 교육 방안. 인문과학연구, 43, 87-108.

박필원(2021). 나노/마이크로 디그리를 제공하기 위한 네트워크 기반 교육 플랫폼 설계. ACK 2021 학술발표대회 논문집, 28(2), 57-60.

박현주, 김영민, 노석구(2012). 융합인재교육(STEAM) 실행방향 정립을 위한 기초 연구. 한국창의재단, 15-45.

박휴용(2018). 융합지식과 융합교육과정. 전북: 전북대학교출판문화원.

서울시교육연구원(2022). 교원학습공동체를 통한 융합교육과정 재구성 및 수업 개발 과정 탐구. 서고연 2022-45. 연구보고서.

성은모, 오헌석, 김윤영(2013). 대학교육에서 산업형 융합인재 육성을 위한 융합프로젝트 교수학습모형 탐구. 교육방법연구, 25(3), 543-580.

소경희(2017). 교육과정의 이해. 경기: 교육과학사.

심광현(2009). 유비쿼터스 시대의 지식생산과 문화정치: 예술-학문-사회의 수평적 통섭을 위하여 (pp. 36-42). 서울: 문학과학사.

양미경(1997). 교과 통합지도의 의의 및 방법적 원리 탐색. 교육학연구, 35(4), 111-132.

양수연, 이다민(2019). 대학 교양교육으로서의 융합교육의 현황과 개선 방안 연구: 수원대 학교 〈학문과 사고〉 과목을 중심으로. 교양교육연구, 13(3), 179-210.

윤옥한(2024). 전공 자율 선택(무전공) 입학제도 정착 방안 탐색. 한국콘텐츠학회, 24(6), 461-471.

이귀윤(1996). 교육과정 연구: 과제와 전망. 서울: 교육과학사.

이성종, 황은희, 남기은, 최철원(2009). 대학 교육과정의 혁신적 개편을 통한 융합과학자 육성 방안. 한국기술혁신학회 2009년 춘계학술대회, 265-277.

이재창(2022). Schwab의 실제적 접근 적용을 통한 대학 모듈형 교육과정 개발 연구: S대 사례를 중심으로. 학습자중심교과교육연구, 22(2), 73-94.

이해듬, 남민우(2018). 대학 이러닝 팀티칭 융·복합 교양교과목 학습만족도 영향요인 분석. 예술인문사회융합멀티미디어논문지, 8(9), 605-613.

이희용(2011). 지식융합교육을 위한 교과목 개발. 교양교육연구, 5(2), 11-37.

임정훈(2020). 대학 융합교육 활성화를 위한 팀티칭 교수법의 적용 가능성 탐색. 교육혁신 연구, 30(3), 23-51.

임정훈, 진성희(2017). 융합교육을 위한 팀티칭 교수법. 연구보고 RCIEE-2016-03. 인하대 학교 공학교육혁신연구센터.

장선영, 이명규(2012). 웹기반 프로젝트중심학습 환경에서 과제 해결능력을 촉진시키는 스캐폴딩 설계모형 개발 연구. 교육공학연구, 28(2), 371-408.

정인성, 이옥화(2001). 대학의 웹 기반 가상수업 팀티칭 모형 개발 연구. 교육정보방송연구, 7(2), 27-50.

차윤경, 안성호, 주미경, 함승환(2016). 융복합교육의 확장적 재개념화 가능성 탐색. 다문 화교육연구, 9(1), 153-183.

최성욱(2016). 커리큘럼과 수업의 성찰. 서울: 학지사.

최지은, 진성희, 김학일(2018). 공학 중심의 융합프로젝트 교수학습모형의 교육적 효과. 공 학교육연구, 21(1), 3-13.

한국과학창의재단(2022). 2022 미래형 융합교육 선도학교 운영 매뉴얼.

한국대학교육협의회(2022). 2022 고등교육현안 정책자문 자료집.

한혜정, 조덕주(2023). 교육과정. 서울: 학지사.

허영주(2013). 대학 융합교육의 문제점과 개선방안 탐색. 교육종합연구, 11(1), 45-79.

홍영기(2018). 미국의 사례로 본 통합교육과정의 적용과 이론적 발달. 통합교육과정연구, 12(4), 251-274.

Bauwens, J., & Hourcade, J. J. (1995). *Cooperative teaching: Rebuilding the schoolhouse for all students*. Austin, TX: PRO-ED.

Bloom, B. S. (1956) *Taxonomy of educational objectives, handbook: The cognitive domain*. New York: David McKay.

Bruner, J. S. (1960). *The process of education*. New York: Vintage.

Collins, B. C., Hemmeter, M. L., Schuster, J. W., & Stevens, K. B. (1996). Using team teaching to deliver coursework via distance learning technology. *Teacher Education and Special Education, 19*(1), 49-58.

Drake, S. M., & Burns, R. C. (2004). *Meeting standards through integrated curriculum*. ASCD.

Drake, M. (1993). *Planning integrated curriculum*. VA: Association for Supervision and Curriculum Development.

Fogarty, R. (1991). *How to integrate the curricula*. Skylight Publishing.

Harden, R. (2000). The integration ladder: A tool for curriculum planning and evaluation. *Medical Education, 34*, 551-557.

Harrow, A. J. (1972). *A taxonomy of the psychomotor domain: A guide for developing behavioral objectives*. New York: David McKay.

Hyslop, C., & Parsons, M. (1995). Curriculum as a path to Convergence. *New Directions for Community Colleges, 91*, 41-49.

Ingram, J. B. (1979). *Curriculum integration and lifelong education*. Paris: UNESCO.

Markham, T., Larmer, J., & Ravitz, J. (2003). *Project based learning handbook: A guide to standards-focused project based learning for middle and high school teacher* (2nd ed.). CA: Buck Institute for Education.

NSTC(2022). CONVERGENCE EDUCATION: A guide to transdisciplinary STEM learning and teaching. THE WHITE HOUSE.

Shaplin, J. T., & Olds, H. F. (1964). *Team teaching.* NY: Harper & Row.

Shaw, G. B. (1989). The ascending spiral: Understanding cyclical processes in organizational change. *Journal of Organizational Behavior, 10*(3), 203-220.

Simpson, E. J. (1966). *The classification of educational objectives: Psychomotor domain.* Urbana-Champaign, IL: University of Illinois.

Taba, H. (1962). *Curriculum development: Theory and practice.* New York: Harcourt, Brace & World.

Thompson, J. L. (2009). Building collective communication competence in interdisciplinary research teams. *Journal of Applied Communication Research, 37*(3), 278-281.

Tyler, R. (1949). *Basic principles of curriculum and instruction.* Chicago: The University of Chicago Press.

Vars, G. F. (1991). Integrated curriculum in historical perspective. *Educational Leadership, 49*(2), 14-15(ERIC)(European Proceedings).

Walker, D. F. (1972). A naturalistic model for curriculum development. *School Review, 80*(1), 51-65.

〈참고 사이트〉

국가직무능력표준 https://ncs.go.kr

미국 국립과학재단(National Science Foundation) https://new.nsf.gov/funding/opportunities/nsf-convergence-accelerator-phases

유다시티[Udacity] - 실리콘밸리 속 대학(용어로 보는 IT, 이지현)

한국과학창의재단 https://steam.kofac.re.kr/cms/content/view/213

찾아보기

저자 소개

허지원(Jiwon Heo)

한국교원대학교 대학원 교육학과(교육학박사)
연구 분야: 역량기반교육과정, 생애주기교육과정, AI교육과정
현) 남부대학교 교수
전) 남부대 교육과정혁신센터장

[주요 저서]

역량기반 교육과정의 이해(교육아카데미, 2023)
대학생을 위한 인구문제 탐색과 생애설계(교육과학사, 2024)

융합교육과정 개발 초보자를 위한

교육과정 개발의 일반 원리와
융합교육과정의 이해

General Principles of Curriculum Development and
Understanding of Convergence Curriculum

2024년 8월 10일 1판 1쇄 인쇄
2024년 8월 16일 1판 1쇄 발행

지은이 • 허지원

펴낸이 • 김진환

펴낸곳 • ㈜ 학지사

04031 서울특별시 마포구 양화로 15길 20 마인드월드빌딩

대표전화 • 02)330-5114   팩스 • 02)324-2345

등록번호 • 제313-2006-000265호

홈페이지 • http://www.hakjisa.co.kr

인스타그램 • https://www.instagram.com/hakjisabook

ISBN 978-89-997-3203-4 93370

정가 15,000원

출판미디어기업 학지사

간호보건의학출판 학지사메디컬 www.hakjisamd.co.kr
심리검사연구소 인싸이트 www.inpsyt.co.kr
학술논문서비스 뉴논문 www.newnonmun.com
교육연수원 카운피아 www.counpia.com
대학교재전자책플랫폼 캠퍼스북 www.campusbook.co.kr